알려줘 서울 위인!

⓫ 우리 고장 위인 찾기

알려 줘 서울 위인!

1판 1쇄 인쇄 2018년 3월 15일 | **1판 1쇄 발행** 2018년 4월 5일

글 이정주 | **그림** 이은주 조윤주
펴낸이 권준구 | **펴낸곳** (주)지학사
편집장 박미영 | **팀장** 김은영 | **편집** 김솔지 문지연 전해인 | **디자인** 이혜리
제작 김현정 박대원 이진형 강석준 | **마케팅** 송성만 손정빈 윤술옥
등록 2010년 1월 29일(제313-2010-24호) | **주소** 서울시 마포구 신촌로6길 5
전화 02.330.5297 | **팩스** 02.3141.4488
홈페이지 www.jihak.co.kr/arb/book | **블로그** blog.naver.com/arbolbooks
ISBN 979-11-6204-020-1 74990
ISBN 979-11-6204-005-8 74990(세트)
잘못된 책은 구입하신 곳에서 바꿔 드립니다.

 아르볼은 '나무'를 뜻하는 스페인어. 어린이들의 마음에 담긴 씨앗을 알찬 열매로 맺게 하는 나무가 되겠습니다.

이 도서의 국립중앙도서관 출판예정도서목록(CIP)은 서지정보유통지원시스템 홈페이지(http://seoji.nl.go.kr)와 국가자료공동목록시스템(http://www.nl.go.kr/kolisnet)에서 이용하실 수 있습니다.(CIP제어번호: CIP2018006879)

제조국 대한민국　**사용연령** 8세 이상
KC마크는 이 제품이 공통안전기준에 적합하였음을 의미합니다.

11 우리 고장 위인 찾기

알려줘 서울 위인!

글 이정주 | 그림 이은주 조윤주

지학사아르볼

펴냄 글

사회 공부의 첫걸음은
《우리 고장 위인 찾기》와 함께

이제 막 3학년이 된 아이들에게 '사회'란 매우 낯설고 어려운 개념일 거예요. 처음 만나는 사회, 쉽고 재미있게 배울 수 있는 방법이 없을까요?
《우리 고장 위인 찾기》 시리즈는 초등학교 사회 교과서의 첫 내용인 '우리 고장'을 통해 사회의 개념과 의미를 깨닫도록 만들었습니다. 고장의 위인과 함께 옛이야기, 문화유산, 지역 정보를 풍부하게 담았지요. 이 책과 함께라면 우리 고장을 더 잘 이해하고 사랑하게 되는 것은 물론, 역사와 지리에 관한 지식까지 쌓을 수 있을 거예요. 초등학교 사회, 《우리 고장 위인 찾기》로 시작해 보세요.

옛이야기
우리 고장의 재미있는
옛이야기를 만날 수 있어요.

자랑스런 우리 고장
우리 고장을
더 자세히 알고
자긍심을 느껴요.

문화유산
우리 고장의 빛나는
문화유산을 함께
알게 돼요.

우리 고장 위인

사회 공부
역사 박사, 지리 박사가
될 수 있어요.

교과 연계
교과서 속 학습 내용과
연계되어 있어요.

3학년 1학기 사회
1. 우리 고장의 모습
2. 우리가 알아보는 고장 이야기

학교 공부에 활용하는
《우리 고장 위인 찾기》

● **학교 숙제와 조사에 활용해요.**

우리 고장 위인과 옛이야기를 찾아야 한다고요?
《우리 고장 위인 찾기》가 있다면 걱정 없어요.
알짜만 쏙쏙 뽑아낸 위인 정보는 물론 재미있는 이야기가 실려 있어요.

● **생생한 역사 체험 학습을 떠나요.**

우리 고장에 남겨진 위인의 발자취는 체험 학습의 훌륭한 길잡이가 될 거예요.
위인과 관련된 유적지부터 고장의 명소와 축제까지 다양하게 소개합니다.

차례

서울 소개 | 서울은 어떤 곳일까? · 8

01 백제를 세운 고구려의 왕자
온조왕 | 송파구 · 10

02 10만 명의 거란군을 물리친 장군
강감찬 | 관악구 · 18

03 백성에게 한글을 선물한 임금
세종 | 종로구 · 28

04 끝까지 한 임금을 모신 천재 작가
김시습 | 노원구, 종로구 · 40

05 동양 최고의 의학 백과사전 《동의보감》을 쓴 의원
허준 | 강서구 · 50

06 조선의 변화에 앞장선 《열하일기》의 작가
박지원 | 종로구, 중구 · 58

07 을사조약에 반대하여 목숨을 바친 정치가
민영환 | 종로구 · 68

08 땅을 팔아 무관 학교를 세운 6형제
이시영 | 강북구, 중구 · 76

09 조국의 독립과 통일에 일생을 바친 지도자
김구 | 마포구, 성동구, 용산구, 종로구 · 84

10 불교 사상을 바탕으로 독립운동을 펼친 승려
백초월 | 마포구, 은평구 · 96

11 민족의 미래를 준비한 겨레의 스승
안창호 | 강남구 · 104

12 정직과 나눔으로 경영한 참된 기업가
유일한 | 구로구, 동작구, 종로구 · 110

13 어린이를 존중하고 아꼈던 아동 문학가
방정환 | 서대문구, 종로구 · 120

14 우리 문화재를 지켜 낸 착한 부자
전형필 | 도봉구, 성북구, 종로구 · 130

15 일본의 심장을 향해 폭탄을 던진 청년
윤봉길 | 서초구, 용산구 · 138

위인 따라 서울 체험 학습 · 148
더 알아보는 위인 | 우리도 서울 위인이야! · 150
서울 위인 찾기 · 164

 서울 소개

서울은 어떤 곳일까?

여기예요!

서울의 역사

서울에는 신석기 시대부터 사람들이 마을을 이루어 살았어요. 강동구에 있는 암사동 유적을 통해 그 사실을 확인할 수 있지요. 서울은 수도로서의 긴 역사를 가지고 있어요. 백제는 무려 500년 동안 서울을 수도로 삼았고, 태조 이성계도 조선을 세우면서 서울을 수도로 정했어요. 위례성, 한성, 한양, 경성 등 긴 역사만큼 다양한 이름으로 불렸어요. 서울은 조선 시대부터 현재까지 우리나라 정치·경제·문화의 중심지랍니다. 아시안 게임(1986년), 올림픽(1988년), 월드컵(2002년) 같은 굵직한 행사도 서울이 중심이 되어 열렸지요. 현재 우리나라 전체 인구의 5분의 1인 약 천만 명이 서울에 살고 있어요.

서울의 자연

강남과 강북 사이를 한강이 흐르고 있어요. 한강은 서울 사람들이 먹는 물이나 공장에서 쓰는 물 등을 제공해 주지요. 옛날에는 한강이 중요한 교통로로 사용되었어요. 서울 북쪽과 경기도에 걸쳐 있는 북한산은 대한민국을 대표하는 이름난 산이에요. 북한산, 도봉산, 수락산, 관악산 등이 서울 주위를 둘러싸고 있어요. 이 산들 모두 접근하기 쉽고 경치가 뛰어나며 등산로가 많아서 항상 등산객들로 붐빈답니다.

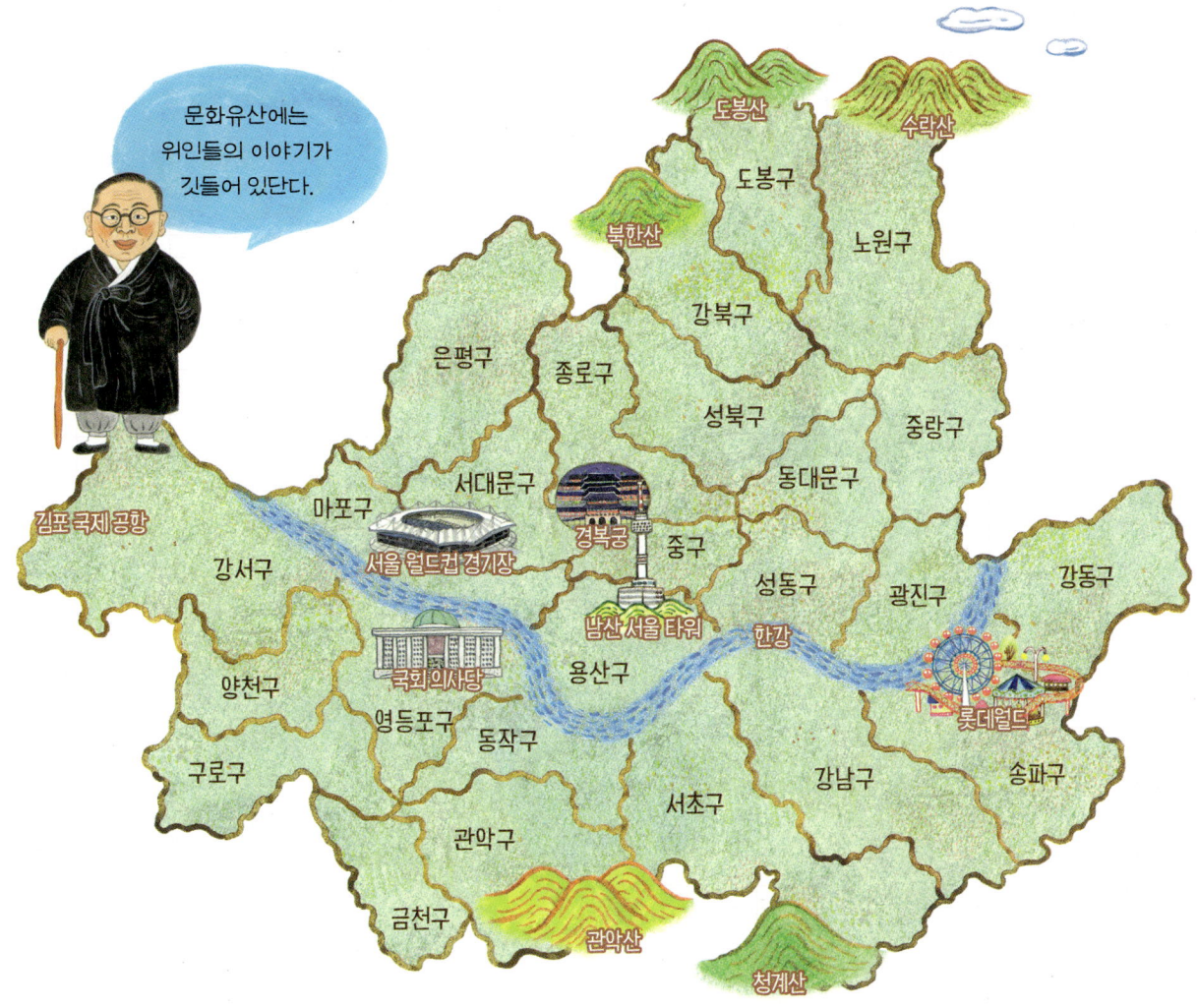

서울의 문화유산

서울은 약 500년간 백제의 수도였기 때문에 곳곳에 백제의 흔적이 남아 있어요. 백제 시대에 만들어진 성인 풍납토성과 몽촌토성이 대표적이지요. 서울의 한강 유역을 두고 고구려, 백제, 신라가 다투었는데, 이 때문에 서울은 삼국의 문화유산이 모두 발견된 유일한 지역이 되었어요. 또한 서울에는 경복궁, 창덕궁 등 궁궐, 왕실의 사당인 종묘 같은 조선 시대 문화유산도 많아요. 국보 제1호 숭례문, 제2호 원각사지 10층 석탑, 제3호 북한산 신라 진흥왕 순수비가 모두 서울에 있답니다.

서·울·위·인 | 01

백제를 세운 고구려의 왕자

온조왕

백제 | ? ~ 28 | 왕

온조왕과 서울특별시

온조왕은 고구려에서 남쪽으로 내려와 나라를 세우고 위례성과 한성을 도읍으로 삼았어요. 위례성은 지금의 서울시 북한산, 중랑천 주변이라고 하지만 확실하지 않아요. 한성은 서울시 송파구 풍납동, 오륜동, 방이동 근처로 추측되고 있어요.

> 나는 백제의 첫 번째 왕이야. 처음에 백제는 작은 나라였지만 말갈을 물리치고, 마한을 통일해서 영토를 넓혔단다. 백제가 678년 동안 이어질 수 있었던 것은 내가 국가의 뼈대를 튼튼히 만들어 놓았기 때문이야.

인물 소개

백제는 고구려의 왕자였던 온조가 세운 나라예요. 온조왕은 형 비류가 세웠던 나라의 백성들을 받아들이고, 다른 나라를 정복하면서 백제의 힘을 키워 나갔어요. 기원전* 16년 중국의 말갈이 침입했을 때 맞서 싸워 승리했어요. 기원전 6년 첫 도읍이었던 위례성을 떠나 한강 남쪽 한성으로 도읍을 옮겼어요. 기원후 8년 마한*을 공격해 백제의 영토를 크게 넓혔어요.

온조왕의 이모저모

시대 삼국 시대 (백제)

생년월일 알려지지 않았어요.

직업 왕

성격 준비성이 뛰어나요.

특징 고구려를 세운 주몽의 아들

★ **기원전** 예수가 태어난 해(1년)를 기준으로 그 이전의 시기. 그 이후의 시기는 기원후라고 함

★ **마한** 기원전 1~기원후 3세기에 경기·충청·전라도에 있던 54개의 작은 국가들

우리가 알아야 할 **온조왕** 이야기

백제를 세운 왕

 **온조왕**의 업적 이야기

온조는 뭘 했을까?

나라의 기틀을 마련한 온조왕

온조왕은 백제를 세우고 46년 동안 나라를 다스렸어요. 나라를 튼튼히 하여 백성들이 편안하게 살게 해 주었지요. 온조왕은 적이 쳐들어오는 것을 미리 준비했어요. 울타리와 성을 쌓아 위험에 대비했고, 식량을 저장하여 전쟁이 나도 군사들이 굶주리지 않도록 했지요. 덕분에 주변 나라가 쳐들어왔을 때 백제는 이들을 물리칠 수 있었어요.

온조왕은 농업을 발전시켰어요. 백성들이 농사를 잘 지을 수 있도록 물 대는 시설을 만들어 주었지요. "백성들이 굶주리지 않으려면 농사 이외에 다른 일도 할 수 있게 해야 한다."면서 백성들에게 누에치기 기술을 알려 주기도 했어요.

백제가 678년 동안이나 지속하면서 화려한 문화의 꽃을 피울 수 있었던 것은 온조왕이 나라의 뼈대를 튼튼하게 만들어 놓았기 때문이랍니다.

십제에서 백제로

온조가 고구려를 떠날 때 10명의 충성스러운 신하가 따라나섰어요. 온조왕은 그가 세운 나라가 평안하게 유지될 수 있는 것은 10명의 신하 덕분이라고 생각했어요. 그래서 나라 이름을 열 십(十) 자를 써서 '십제'라고 정했어요. 훗날 온조왕이 말갈을 물리치고, 비류를 따라갔던 백성들까지 받아 주면서 나라가 더욱 커졌어요. 그러자 '많은 백성들이 세운 큰 나라'라는 뜻으로 '백제'라고 나라 이름을 바꾸었어요.

마한 땅을 차지

온조가 나라를 세운 땅에는 원래 마한이라는 땅이 있었어요. 온조는 마한에서 가장 강한 나라의 왕을 찾아가 부탁했어요.

"저는 고구려의 왕자인데 쫓겨서 이곳까지 왔습니다. 새로운 터전을 잡고자 하니 왕께서 도와주십시오."

"쯧쯧, 갈 곳이 없다니 불쌍하구나! 내 색리국 자리를 내줄 테니 거기서 살아 보겠느냐?"

색리국은 마한에서도 가장 북쪽에 있었어요. 북쪽으로는 말갈, 동쪽에는 낙랑이 있어 늘 전쟁의 위험이 있는 땅이었지요. 그러니까 그는 이곳을 온조에게 지키게 할 속셈으로 땅을 준 거예요. 하지만 온조는 성을 쌓고 군사를 준비해 이곳을 평화로운 땅으로 만들었어요. 그러면서 백제의 힘을 키워 나갔지요. 어느 날 온조왕이 백제와 마한 땅을 구분하려고 울타리를 쌓자 마한에서는 화가 나서 울타리를 치우라고 명령했어요. 그러자 온조는 울타리를 없애는 척하면서 마한과의 전쟁을 준비했지요. 기원후 8년, 드디어 온조왕은 마한을 공격해요. 백제의 거친 공격에 마한은 제대로 싸워 보지도 못하고 무너졌어요. 마한은 작은 나라들이 모인 국가여서 군사력이 약했거든요. 마한 땅을 차지하면서 백제는 영토를 크게 넓힐 수 있었어요.

 온조왕과 함께 보기

도읍을 네 번 정한 백제

온조왕은 처음에 도읍을 위례성으로 정했다가 한성으로 바꾸었어요. 한성은 약 500년 동안 백제의 도읍지였지요.

그 뒤로도 백제는 도읍을 두 번이나 더 옮겼어요. 왜냐고요? 바로 한강 때문이에요. 삼국 시대에 한강은 고구려, 백제, 신라가 모두 탐내는 지역이었어요. 한강 주변은 농사짓기 좋았고, 배를 타고 중국에 가기 편했거든요.

오랫동안 한강을 차지한 나라는 백제였어요. 하지만 늘 한강을 욕심내던 고구려가 475년 장수왕 때 백제를 공격하여 한성을 비롯한 한강 주위의 땅을 빼앗았어요. 고구려에 쫓긴 백제는 금강 남쪽의 작은 마을 웅진(지금의 충청남도 공주)으로 도읍을 옮겼지요.

웅진에서 힘을 추스른 백제는 한강 주변을 되찾으려는 계획을 세웠어요. 그리고 538년 수도를 사비(지금의 충청남도 부여)로 옮겼어요. 사비는 웅진보다 땅이 넓어 새로운 도시를 만들기 좋았고, 뱃길을 이용해 중국에 오가기가 편리했기 때문이에요.

이렇듯 백제는 위례성, 한성, 웅진, 사비 순으로 도읍을 네 번 정했답니다.

TIP 한성 백제 박물관

📍 서울특별시 송파구 방이동
☎ 02)2152-5800

약 500년 동안 도읍이었음에도 불구하고 백제의 한성 시대는 웅진이나 사비 시대에 비해 상대적으로 덜 알려졌어요. 이곳은 서울을 처음 수도로 삼은 백제의 한성 시대와 서울의 오랜 역사, 문화를 한꺼번에 볼 수 있는 박물관이에요.

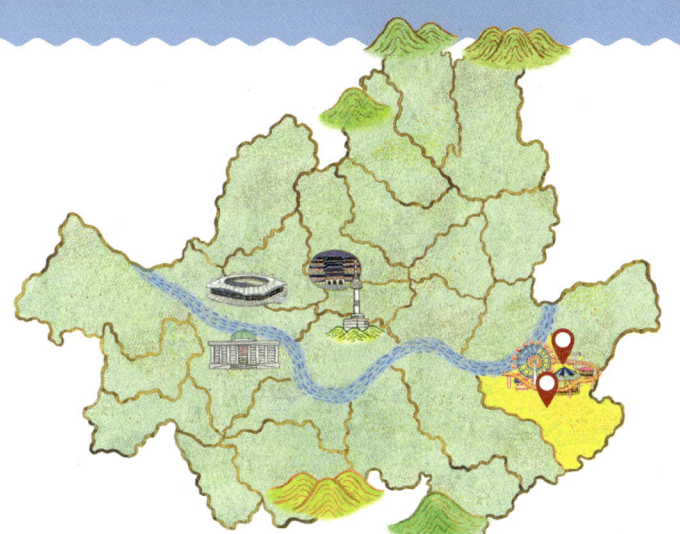

역사 **체험 학습**

온조왕의 발자취

서울 몽촌토성

📍 서울특별시 송파구 오륜동   ◆ 사적 제297호

약 2천 년 전에 세운 백제 시대의 성이에요. 자연적으로 솟아오른 언덕을 잘 다듬어 성벽으로 만들었어요. 백제 초기 생활을 짐작할 수 있는 유적과 유물이 많이 나왔어요. 주변의 공원과 어우러져 산책하기 좋답니다.

서울 풍납토성

📍 서울특별시 송파구 풍납동   ◆ 사적 제11호

백제의 왕이 살던 성으로 추측하고 있어요. 규모가 크고 백제 왕실의 유물이 많이 발견되었거든요. 1925년 홍수로 일부가 사라졌지만, 원래는 굉장히 컸대요. 이렇게 거대한 성곽을 만들 수 있었다는 것은 백제가 그만큼 왕의 힘이 강력했고 많은 돈과 높은 건축 기술을 가지고 있었다는 것을 의미해요.

서·울·위·인 | 02

10만 명의 거란군을 물리친 장군

강감찬

고려 | 948 ~ 1031 | 장군, 귀주 대첩 영웅

강감찬과 서울특별시

강감찬은 금주(지금의 서울시 관악구 봉천동)에서 태어났어요. 낙성대, 인헌동 등 지금도 그 지역엔 강감찬과 관련된 지명이 많답니다. 강감찬은 원래 진주 강씨였는데, 그의 조상이 서울시 금천구로 터를 옮기며 '금천 강씨'가 되었어요.

거란군을 흥화진에서는 강물에 쓸려 보냈고, 귀주에서는 화살을 비처럼 퍼부어서 몰아냈어. 그 뒤로 거란은 내가 무서워서 다시는 고려를 넘보지 못했다니까!

인물 소개

983년 과거에 합격했어요. 1010년 거란의 2차 침입이 끝난 후, 군사를 훈련시키고 무기를 준비하여 전쟁에 대비했어요. 1018년 거란의 3차 침입 때 고려군의 책임자가 되어 흥화진 전투에서 승리했어요. 1019년 귀주에서 10만 거란군을 무찌르고 강동 6주★를 지켜 냈어요.

강감찬의 이모저모

시대 고려

직업 장수

특기 거란군 물리치기

생년월일 948년 12월 22일에 태어났어요.

호★ 인헌

참고 어릴 적 이름은 은천이에요.

★ 24쪽에서 강동 6주에 대해 자세히 알아봐요.
★ 호 본명 외에 편하게 부르려고 지은 이름

우리가 알아야 할 **강감찬** 이야기

지혜와 용기로 승리한 싸움

"거란군이 또 쳐들어왔다고? 벌써 세 번째 아니냐? 그간 준비한 고려군의 전력을 보여 줄 때다. 나가자!"

강감찬은 군사들과 함께 흥화진에 도착했어요. 그리고 주변을 살펴보았어요.

'거란의 군사는 10만 명인데, 고려군은 겨우 1만 2천 명 정도다. 맞서 싸워서는 도저히 이길 수 없어. 어떡하면 좋을까? 그래! 거란군은 이쪽의 얕은 물을 걸어서 강을 건널 것이다. 이곳에서 작전을 펼쳐야겠다.'

강감찬은 부하들에게 소가죽을 모아 와 강에 말뚝을 박고 소가죽으로 강물을 막게 했어요. 잠시 후 거란군이 강가에 도착했어요. 강감찬의 예상대로 거란군은 얕은 쪽으로 강을 건넜어요.

"지금이다! 소가죽을 찢어라!"

위쪽에서 소가죽에 막혀 있던 물줄기가 한꺼번에 쏟아지면서 얕고 잔잔했던 강은 금세 폭포처럼 변했어요. 강을 건너던 거란군은 미처 피할 틈도 없이 불어난 물에서 허우적댔어요. 물줄기를 피한 군사들은 도망치기 시작했고요. 이때 강감찬이 다시 소리쳤어요.

"공격하라! 도망치는 거란군을 한 놈도 놓치지 말고 잡아라!"

산속에 숨어 있던 고려군이 한꺼번에 튀어나와 거란군을 공격했어요. 예상치 못한 공격에 거란군은 큰 피해를 입었어요. 흥화진에서 패배한 뒤 나머지 거란군은 고려의 왕이 있는 개경*을 공격하러 남쪽으로 내려갔어요.

 강감찬도 고려 군사들을 이끌고 개경으로 향했어요. 거란군이 이동하는 동안 고려 조정*에서는 개경까지 오는 길에 있는 백성들을 모두 개경으로 들어오게 했어요. 식량이 될 만한 것들도 전부 성안으로 옮겼어요. 거란군을 굶주림에 지치게 할 작전을 세운 것이지요.

 거란군은 흥화진에서 강감찬 군대에게 패배하면서 힘이 빠진 상태였어요. 게다가 먹을 것도 구할 수 없자 거란군은 싸움을 포기했어요.

 강감찬은 이때를 놓치지 않았어요. 후퇴하는 거란군이 압록강을 건너기 직전, 귀주에 도착했을 때 강감찬은 다시 한 번 공격을 시작했어요.

 "다시는 거란이 고려를 넘볼 수 없도록 공격하라!"

 바로 그때, 거란군 쪽으로 거센 바람이 불기 시작했어요. 고려군이 쏜 화살은 쉽게 날아갔고, 거란군의 화살은 바람에 막혀 고려군에 닿지 못했지요. 이렇게 강감찬의 군대는 큰 승리를 거두었어요.

★ **개경** 고려의 수도로 오늘날의 개성을 말함
★ **조정** 임금이 신하들과 나랏일을 하는 곳

강감찬의 업적 이야기

강감찬은 뭘 했을까?

한반도에 평화를 가져온 장군

고려는 세 번에 걸친 거란의 침입을 모두 막아 냈어요. 그중에서도 강감찬이 활약한 3차 침입에서 가장 크게 이겼어요. 그 후로 거란은 고려를 공격하지 못했어요. 그리고 고려는 요나라(거란이 세운 나라)와 좋은 관계를 맺었어요. 요나라에 사신을 보내 예의를 갖추었어요. 동시에 송나라와 교류를 계속하여 발전된 문물을 받아들였지요. 송나라 역시 요나라를 견제하기 위해 고려와 친하게 지냈고요. 강감찬의 승리 이후 한반도와 주변 국가들 사이에는 한동안 평화가 이어졌어요.

거란의 3차 침입에 대비

993년 거란이 처음 고려에 쳐들어왔을 때는 서희의 활약으로 전쟁을 끝낼 수 있었어요. 하지만 1010년 두 번째로 침략했을 때는 제대로 준비를 못해 우왕좌왕했어요. 그때 거란군은 40만 명이나 되었는데 고려군은 그 수가 훨씬 적었대요. 다행히 양규 장군의 활약으로 거란의 공격을 막아 낼 수 있었어요.

거란의 2차 침입이 끝난 후 강감찬은 또 거란을 비롯한 외적이 쳐들어올 수 있다고 생각했어요. 그래서 미리 군사를 훈련시키고 무기를 마련해 놓았지요. 이런 준비 덕분에 거란이 세 번째로 침입했을 때 강감찬은 잘 훈련된 군대를 이끌고 거란과 맞서 싸울 수 있었어요. 참, 귀주에서 거란과 치열하게 전쟁을 벌일 때 강감찬의 나이는 무려 일흔한 살이었답니다.

> 귀주 대첩의 큰 승리

1019년 강감찬이 거란군과 귀주에서 벌인 전투를 귀주 대첩이라고 해요. 거란군 10만 명 가운데 살아서 돌아간 사람이 겨우 수천 명뿐이었대요. 《고려사절요》라는 책에는 '귀주 대첩에서 죽은 거란군 시체가 들판을 덮었고, 사로잡은 군사와 말, 낙타, 갑옷, 투구, 무기는 이루 다 헤아릴 수도 없었다.'라고 기록되어 있어요. 이쯤이면 강감찬 장군이 이끈 귀주 대첩이 얼마나 커다란 승리였는지 짐작할 수 있겠지요?

 **강감찬**과 함께 보기

서희의 뛰어난 외교로 되찾은 강동 6주

993년 거란은 압록강을 건너 고려에 쳐들어왔어요.
"옛 고구려 땅이 지금은 거란의 영역이다. 고려가 옛 고구려 땅을 되찾겠다며 북쪽으로 올라오는 것은 거란의 영토를 갉아 먹는 짓이다. 고구려 땅을 되찾겠다는 생각을 버려라. 그리고 우리 거란을 섬기라."
거란의 협박에 겁먹은 고려 귀족들은 왕에게 '거란에 땅을 주고 항복하자.'라고 요청했어요. 하지만 서희는 생각이 달랐어요. 거란이 고려와 송나라의 관계를 끊게 하려고 협박하는 것을 알아챘거든요. 땅을 핑계했지만 사실 거란은 이웃 송나라가 고려와 손잡고 힘이 더 세질까 봐 경계한 거예요.
서희는 거란군의 우두머리 소손녕을 만나 담판을 지었어요.
"고려의 이름이 왜 고려인지 아는가? 고구려를 계승했기 때문이다. 압록강 주변은 원래 고구려 땅인데, 어찌 거란의 땅이라 주장하는가? 그리고 고려가 거란과 가까이 지내지 못하는 것은 여진이 중간에서 가로막고 있기 때문이다. 여진을 몰아내고, 옛 고구려 땅을 돌려준다면 고려는 거란과 친하게 지낼 생각이 있다."
소손녕은 서희가 딱 부러지게 말하자 아무런 대꾸도 할 수 없었어요. 결국 거란과 통하는 길목인 압록강 동쪽 지역을 고려에 돌려주겠다고 약속하고 군사를 거두었어요. 고려는 이 지역의 여섯 개 마을에 성을 쌓았어요. 흥화진, 용주, 철주, 통주, 곽주, 귀주 등 여섯 마을을 '강동 6주'라고 해요. 서희의 외교 덕분에 고려는 압록강 주변의 고구려 옛 영토를 되찾을 수 있었답니다.

지도로 보는 거란의 고려 침입

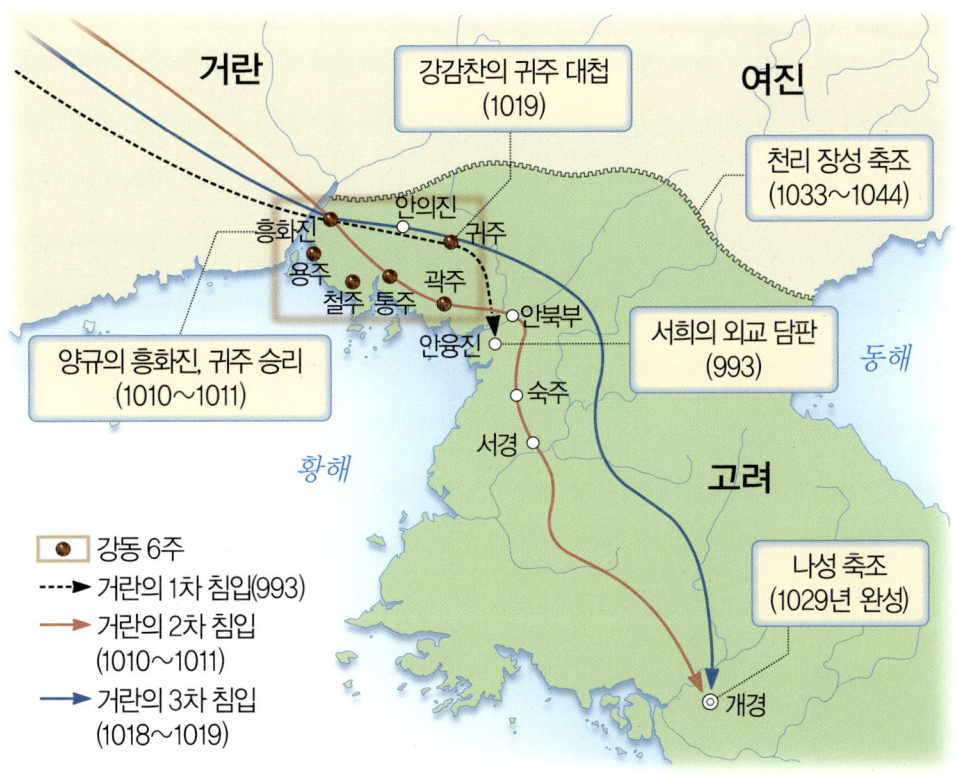

- **거란의 1차 침입(993년)** 서희의 뛰어난 외교로 강동 6주를 찾음
- **거란의 2차 침입(1010년)** 양규의 활약으로 고려를 지킴
- 강감찬은 군대를 훈련시키고 무기를 모아 외적의 침입에 대비함
- **거란의 3차 침입(1018년)** 강감찬이 흥화진에서 강물을 이용해 크게 승리함
  (1019년) 강감찬이 귀주에서 후퇴하는 거란군을 공격해 크게 이김

강감찬의 발자취

낙성대

📍 서울특별시 관악구 낙성대동　◆ 서울특별시 기념물 제3호

어느 날 길을 지나던 사람이 하늘에서 큰 별이 떨어지는 것을 보았어요. 별이 떨어진 곳으로 가 보니 마침 그 집에 사내아이가 태어났더래요. 그래서 그 집 어르신에게 말해 주었어요.

"방금 큰 별이 이 집으로 떨어지는 것을 보았습니다. 이 아기는 하늘의 기운을 받고 세상에 태어난 것이 분명합니다. 앞으로 세상을 구할 큰 인물이 될 것입니다."

이때 태어난 아기가 바로 강감찬이에요. 이 전설 때문에 훗날 사람들은 강감찬 장군이 태어난 집터를 '하늘에서 별이 떨어졌다'는 뜻에서 낙성대라고 불렀어요. 지금은 공원으로 꾸며져 있는 낙성대 안에는 강감찬 장군의 동상이 있어요. 사당 '안국사'에는 장군의 영정*이 모셔져 있고요.

★ **영정** 제사나 장례를 지낼 때 쓰는, 사람 얼굴을 그린 족자

낙성대 3층 석탑

- 서울특별시 관악구 낙성대동
- 서울특별시 유형문화재 제4호

강감찬의 업적을 기리기 위해 고려 시대에 세운 탑이에요. 탑에는 '姜邯贊 落星垈(강감찬 낙성대)'라는 글씨가 새겨져 있어요. 3층 석탑은 화강암으로 만들어졌고 높이는 4.48미터예요. 지금은 석탑 보호를 위해 낙성대 안쪽으로 옮겼어요.

낙성대 3층 석탑을 안쪽으로 옮기면서 그 자리에 고려 강감찬 장군 사적비를 세웠어요. 비석에는 강감찬의 업적이 적혀 있어요.

서울 신림동 굴참나무

- 서울특별시 관악구 신림동
- 천연기념물 제271호

이 나무는 나이가 1천 살쯤 되었어요. 강감찬이 이곳을 지나다가 지팡이를 꽂은 것이 자라 이 나무가 되었다는 전설이 전해지고 있어요.

서·울·위·인 | 03

백성에게 한글을 선물한 임금

세종

조선 | 1397 ~ 1450 | 왕

세종과 서울특별시

경복궁의 정문인 광화문에서 종로에 이르는 길의 이름은 '세종대로'예요. 우리나라 정치·행정의 중심지랍니다. 이 길에는 우리나라 최고의 공연장 세종 문화 회관이 있어요. 정치와 문화, 과학 등 여러 분야에서 나라를 발전시킨 세종의 이름을 딴 거랍니다.

> 나는 백성들이 글자를 몰라 억울한 일을 당하지 않기를 바라는 마음에서 한글을 만들었어. 내가 만든 한글은 세상에서 가장 과학적이고, 배우기 쉬운 글자란다.

인물 소개

1418년 조선의 네 번째 왕이 되었어요. 학문 연구 기관인 집현전을 만들어 농업, 천문학 등 여러 분야의 뛰어난 학자를 그곳에서 일하게 했어요. 1443년 훈민정음을 만들었어요. 1446년 《훈민정음 해례본》을 펴내서 한글을 만든 원리와 사용법을 알렸어요.

세종의 이모저모

시대 조선

직업 왕, 한글 창제자

취미 백성 생각하기

생년월일 1397년 5월 15일에 태어났어요.

좌우명 나의 사랑 나의 백성!

 우리가 알아야 할 **세종** 이야기

백성들을 위해 만든 글자

 **어린이 역사 기자** 안녕하세요? 저는 오늘 중요한 분을 만나기 위해 광화문 광장에 나와 있습니다. 제 뒤에 있는 동상 보이시나요? 누군지 아시겠죠? 네, 바로 세종 대왕입니다.
지금부터 우리 역사를 통틀어 가장 존경받는 임금, 세종 대왕님을 만나 보겠습니다. 안녕하세요, 세종 대왕님. 우선 왜 한글을 만드셨는지 이야기해 주세요.

 **세종** 내가 왕으로 있을 때 어떤 마을에서 아들이 아버지를 죽이는 끔찍한 사건이 일어났어요. 다시는 이런 일이 생기면 안 되겠다고 생각했지요. 전국의 효자, 충신 가운데 모범이 되는 사람들의 이야기를 엮어 《삼강행실도》라는 책을 냈어요. 그런데 여러 해가 지나도 죄짓는 백성이 줄지 않았어요. 알고 보니 백성들이 글을 몰라 그 책을 읽지 못한 거예요. 아무리 좋은 책을 내도 백성들에게는 도움이 되지 않았던 것이지요. 그래서 백성 모두가 읽고 쓸 수 있는 쉬운 글자를 만들겠다고 결심했어요.

 **어린이 역사 기자** 그때 우리나라는 한자를 사용하고 있지 않았나요?

세종 네, 맞아요. 그런데 한자를 자유롭게 쓰려면 5천 자 정도는 알아야 하지요. 양반들이야 노비들에게 일을 시키고 공부하니까 익힐 수 있지만, 일반 백성들은 그럴 시간이 있겠어요? 게다가 한자로는 우리말을 다 표현할 수도 없어요.

내가 만든 한글은 28글자만 알면 불편함 없이 사용할 수 있어요. 어리석은 사람도 열흘이면 다 배울 수 있을 만큼 쉽지요.

어린이 역사 기자 세종 대왕님이 한글을 만들 때 반대하는 사람이 많아서 비밀리에 연구했다면서요?

세종 어휴, 말도 마세요. 그때 양반들은 중국이 세상의 중심이라 여겨 무조건 중국을 따랐어요. 한자를 안 쓰는 건 중국을 배신하는 일이라고 생각했지요. 내가 새 문자를 만든다고 하면 모두 반대할 게 뻔했어요. 그래서 몇몇 학자들을 데리고 몰래 새 문자를 만들기 시작했어요.

내가 한글을 내놓았을 때 양반들이 얼마나 반대했는지 몰라요. "새 글자를 만드는 건 중국을 버리고, 스스로 오랑캐가 되는 것입니다. 중국이 이것을 알면 조선을 미워할 것입니다."라면서요.

어린이 역사 기자 평소 화를 잘 내지 않는 세종 대왕님이 신하들에게 크게 화를 낸 적이 있다고 하는데 어떤 일 때문이었나요?

세종 더 많은 사람들이 읽을 수 있도록 《삼강행실도》를 쉬운 한글로 다시 쓰라고 명령을 내렸어요. 그런데 정창손이라는 신하가 "백성들의 성격이 거칠고 더러운 것은 타고난 것입니다. 책을 읽거나 교육을 받는다고 착한 사람, 예의 바른 사람이 되지 않습니다."라는 거예요. 나는 너무나 화가 났어요. 그래서 이렇게 호통 쳤지요.

"감히 어디서 나의 백성을 무시하는 말을 하는가? 백성이 교육으로 달라지지 않는다면 너는 그 자리에서 무엇을 하는 것이냐? 단지 백성 위에서 권력을 누리기 위해 정치를 하는 것 아니냐? 내가 문자를 만든 이유는 백성들을 편하게 하여 그들의 삶이 나아지기를 바라서이다. 너희가 글을 모르는 백성들의 불편을 한 번이라도 생각해 보았느냐? 진실로 아무짝에도 쓸모없는 자들이로다!"

어린이 역사 기자 왜 그렇게 반대를 했을까요? 한자보다 쉬운 글자가 있으면 모두에게 좋은 거잖아요.

세종 양반, 관리만이 글자를 알아야 한다고 생각했기 때문이에요. 한자를 읽고 쓸 줄 아는 것을 자신들의 특별한 권리라고 여겼지요. 글을 익히면 지식을 갖게 되고, 그만큼 높은 벼슬이나 큰돈을 얻을 기회가 많아지니까요. 백성들이 글자를 알면 자꾸 따지고, 속이기도 어렵고, 그러면 자신들이 불편해질 테니까요. 양반, 관리들은 자신들의 특별한 권리를 백성들과 나눠 갖고 싶지 않았던 거예요.

어린이 역사 기자 한글은 무척 과학적인 글자예요. 한글 개발을 직접 이끄셨다니 정말 놀라워요.

세종 나는 어려서부터 책벌레라 불릴 만큼 책을 많이 읽었어요.

외국에서 책을 구해서 발음 기관*의 구조와 문자의 원리를 연구했어요. 연구 끝에 닿소리(자음) 17글자와 홀소리(모음) 11글자를 만들었어요.

어린이 역사 기자 네, 그리고 지금은 그 28글자 중 24글자만 사용되고 있지요.

한글을 만들고 가장 보람을 느낄 때는 언제인가요?

세종 백성들이 억울한 일을 당하지 않을 때지요. 예전에는 금주령*을 내린 벽보를 붙이면 백성들은 그걸 읽지 못했어요. 금주령 중인데도 버젓이 시장에서 술을 팔고, 술을 마셨지요. 그 사람들은 무슨 잘못을 한 줄도 모르고 끌려가 매를 맞았어요. 글을 읽지 못해 그런 법이 있다는 것을 몰랐던 거지요. 한글을 배운 뒤로는 그런 억울한 일을 당하는 사람이 줄었어요. 누구나 글을 읽고, 쓰고, 이해하게 되었기 때문이에요. 한자를 배울 기회조차 없던 여성들이 한글을 익혀 편지를 쓰고, 책을 읽을 수 있게 된 것도 큰 보람이에요.

★ **발음 기관** 성대, 목젖, 혀 등 소리를 내는 데 쓰는 우리 몸의 각 부분
★ **금주령** 술을 팔거나 마시는 것을 금지하는 법

세종의 업적 이야기

세종은 뭘 했을까?

우수성을 인정받은 한글

한글은 세계에서 가장 우수한 글자예요. 한글을 만들기 전에는 '하늘'이라고 말하고 글로는 '天'이라고 썼어요. 일반 백성들이 쓰기에는 너무 어렵고 불편했지요. 말을 그대로 글로 옮길 수 없는 경우도 많았고요. 세종은 말과 글은 같아야 한다고 생각했어요. '하늘'이라고 말하면 '天'이 아닌 그대로 '하늘'이라고 써야 한다는 말이에요. 한글은 14개의 자음과 10개의 모음으로 세상의 모든 소리를 표현할 수 있어요.

한글은 세계에서 거의 유일하게 누가, 왜 만들었는지를 아는 문자예요. 세종은 한글을 발표하면서 "한자를 모르는 백성들은 말하고 싶은 것이 있어도 제대로 쓰지 못한다. 이것을 안타깝게 여겨 새로운 글자를 만드니, 백성들은 이 글자로 자기가 하고 싶은 말을 전해라."라고 했어요.

세계에서도 한글의 우수성을 인정하고 있어요. 유네스코(UNESCO)에서는 해마다 전 세계에서 문맹*을 없애는 데 공이 큰 사람에게 상을 주고 있어요. 이 상 이름이 '세종 대왕상'이에요. 이는 한글이 배우기 쉽고, 과학적인 글자라는 것을 인정한다는 증거예요.

★ **문맹** 배우지 못하여 글을 읽거나 쓸 줄 모르는 사람

문화와 과학을
꽃피운 왕

세종의 업적은 헤아릴 수 없이 많아요. 그중에서도 과학을 발전시킨 것을 빼놓을 수 없지요. 세종은 과학이 발달하면 자연의 이치를 깨달아 농사를 더 잘 지을 수 있다고 생각했어요. 그래서 해시계 '앙부일구', 물시계 '자격루'를 만들게 하여 정확한 시간을 알아냈어요. 이때 장영실에게 많은 일을 맡겼어요. 노비 출신인 장영실에게 큰 벼슬을 주며 과학 연구에 힘을 실었어요.

박연에게는 그때까지의 음악을 정리하고, 조선의 음악을 새로 짓게 했어요. 세종의 명을 받은 박연은 국가의 중요한 행사에 사용하는 음악 '아악'을 만들었어요.

또 집현전에서 많은 책을 펴내다 보니 인쇄 기술도 더불어 발전했어요. 세종 시대에는 구리로 활자를 만들고, 활자 사이의 빈틈을 꼼꼼하게 메워 인쇄할 때 활자가 밀리지 않게 했어요. 이렇게 하니까 책으로 찍힌 글자 모양이 반듯해 읽기 좋았고, 활자를 오래 사용해도 모양이 변하지 않았대요.

내가 만든 글자는 서로 어울려 세상의 모든 소리를 표현할 수 있답니다. 처음 글자를 만들고 3년 동안 학자들에게 한글을 꼼꼼히 연구하게 했어요. 새로운 문자를 사용할 때 불편함이 없는지 살펴보도록 한 거지요.

세종과 함께 보기

세종 시대에 학문을 꽃피운 집현전

집현전의 베스트셀러

세종은 궁궐 안에 집현전이라는 학문 연구 기관을 두었어요. 그리고 하늘을 연구하는 사람, 외국어를 잘하는 사람, 과학에 관심 있는 사람 등 다양한 학자들을 뽑았어요. 세종은 이들이 마음껏 연구할 수 있도록 정성을 쏟았어요. 아침저녁으로 맛있는 밥을 내주고, 제철 과일을 보냈어요. 당시 엄청나게 비쌌던 먹과 종이도 마음껏 쓸 수 있도록 해 주었대요.

세종은 집현전 학자들과 토론하기를 즐겼어요. 나라의 정치, 문화, 과학에 대해 이야기하고 백성들을 더 잘 살게 하는 방법을 찾았어요. 세종은 집현전 학자들의 재능을 활용해 조선의 정치와 문화를 최고로 끌어올렸어요.

집현전 학자들은 연구 결과들을 다양한 책으로 펴냈어요. 그중에서도 백성들에게 가장 인기가 있었던 '집현전 베스트셀러 3'를 소개할게요.

- 1위 《농사직설》
  우리 땅, 날씨에 맞는 농업에 대해 쓴 책

- 2위 《향약집성방》
  우리나라의 약재와 치료법을 기록한 의학책

- 3위 《고려사》
  고려의 역사를 정리한 역사책

알고 보면 더 재미있는 한글 이야기

지금은 없어진 훈민정음 네 글자

세종이 처음 한글을 만들 때는 28글자였어요. 지금은 4글자가 없어져 24글자만 사용하고 있어요. 중간에 사라진 글자는 ㅿ(반치음), ㆁ(옛이응), ㆆ(여린히읗), ·(아래아)예요. 이 글자들은 다른 글자와 명확히 발음을 구분하기 어려워 점점 사용이 줄었어요. 제주도 사투리에는 ·(아래아)가 아직 남아 있는데, '아'와 '어'의 중간으로 발음하고 있답니다.

한글이라는 이름을 얻기까지

세종이 발표할 당시 한글의 이름은 '훈민정음'이었어요. '백성을 가르치는 바른 소리'라는 뜻이에요. 하지만 양반들은 여전히 한글을 업신여기며 무시했어요. 여자나 배우지 못한 사람들이 쓰는 글이라면서 말이에요.

우리글에 '한글'이라는 이름을 붙인 사람은 국어학자 주시경(1876~1914)이에요. 그는 '크다'와 '하나'라는 뜻을 담아 우리글을 '한글'이라고 불렀어요.

주시경은 일제 강점기에 "언어를 잃으면 민족의 바탕을 잃어버리는 것이니, 영원히 독립을 이룰 수 없다."라고 했어요. 그러면서 우리말과 우리글을 잘 지켜야 한다고 주장했지요. 주시경은 한글을 연구하여 《국어문법》을 펴냈어요. 그때까지 우리글에는 통일된 맞춤법이 없었거든요. 주시경의 노력 덕분에 한글은 더 아름답고 편리하게 다듬어질 수 있었어요.

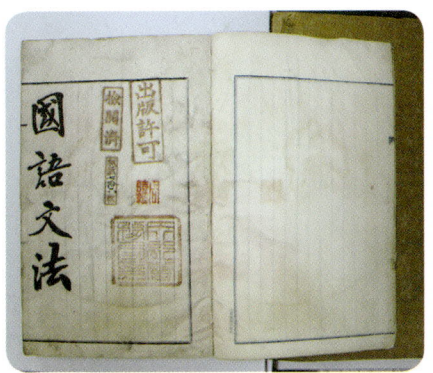

《국어문법》

 역사 **체험 학습**

세종의 발자취

세종 대왕 동상

📍 서울특별시 종로구 세종로

우리나라 역사의 중심지인 광화문 광장 한가운데는 세종 대왕 동상이 우뚝 서 있어요. 역사상 가장 위대한 업적을 남긴 임금을 존경하는 온 국민의 마음을 담은 것이지요. 세종대왕이 왼손에 들고 있는 책은 훈민정음을 만든 원리, 사용 방법을 설명한 《훈민정음 해례본》이에요. 《훈민정음 해례본》은 국보 제70호이자 유네스코 세계 기록 유산으로 지정되어 있어요.

한글가온길

📍 서울특별시 종로구 세종로

지하철 5호선 광화문역 8번 출구를 나오면 한글가온길을 걸을 수 있어요. 한글가온길은 한글 탄생지 경복궁, 한글을 연구하는 학자들의 모임 한글 학회, 한글을 지킨 주시경 선생의 집터를 잇는 길이에요. 이 길을 걷다 보면 한글의 역사와 숨은 이야기들을 만날 수 있어요. 참, '가온'은 가운데라는 뜻의 순우리말이에요.

경복궁 수정전

- 서울특별시 종로구 세종로
- 보물 제1760호

세종은 학문을 연구하는 집현전을 궁궐 안에 두고 자주 들렀어요. 경복궁 수정전이 당시 집현전으로 사용된 공간이에요. '수정전'은 '정치를 잘 수행한다'는 뜻이에요. 집현전 학자들은 학문을 연구하여 왕에게 건의하고 세종은 집현전 학자들과 나랏일을 의논했어요. 세종의 위대한 발명품 훈민정음도 바로 이곳을 통해 세상에 나왔답니다.

여주 영릉

- 경기도 여주시 능서면
- 사적 제195호

영릉은 세종과 그의 부인 소헌 왕후가 잠들어 있는 무덤이에요. 왕과 왕비를 하나의 무덤에 함께 묻은 것은 조선 시대에서 처음 있는 일이었대요. 보통 왕의 무덤을 만들 때는 무덤을 보호하기 위해 주위에 큰 돌을 둘러요. 병풍처럼 돌을 두른다고 해서 병풍석이라고 하지요. 세종은 세상을 떠나면서 병풍석을 세우지 말라는 유언을 남겼어요. 왕의 병풍석을 만들려면 몇 천 명이 일을 해야 했는데, 세종은 백성들이 힘들게 일하는 것을 원하지 않았던 거예요. 세상을 떠나면서까지 백성들을 아끼고 사랑했던 세종의 마음이 느껴지나요?

서·울·위·인 | 04

끝까지 한 임금을 모신 천재 작가

김시습
조선 | 1435 ~ 1493 | 문인

> 김시습과 서울특별시

김시습은 성균관 대학교가 있는 서울시 종로구 명륜동에서 태어났어요. 과거를 준비할 때는 북한산에 들어가 있었고요. 세조가 단종의 왕위를 빼앗자 승려가 되어 전국을 떠돌았지요. 그리고 세조가 세상을 떠난 이후인 1472년 즈음 다시 서울로 돌아왔어요. 김시습은 수락산 기슭에 자리를 잡고, 농사를 지으면서 수많은 글을 썼어요.

> 나는 세조가 단종의 자리를 빼앗아 왕이 되는 것을 보고 공부하던 책을 불살랐어. 과거도 포기했고, 세조가 주는 벼슬도 거절했지. 대신 전국을 떠돌며 많은 글을 썼단다. 우리나라 최초의 소설 《금오신화》가 내 작품이야.

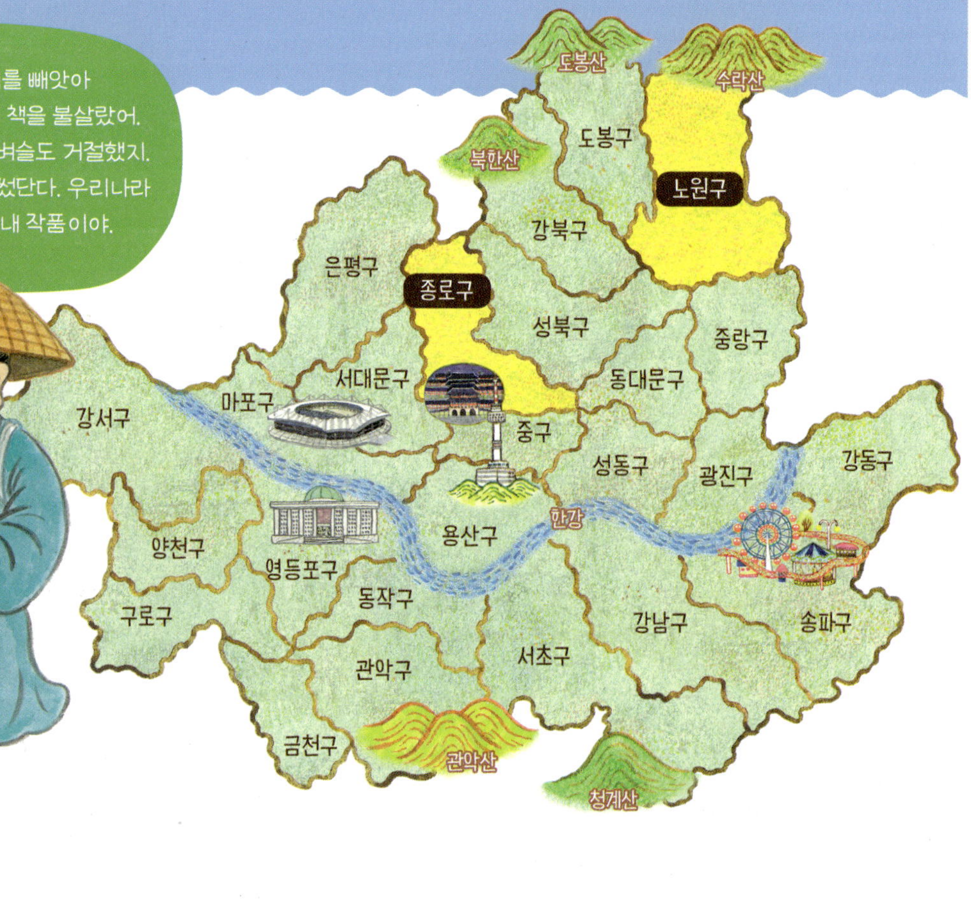

인물 소개

1439년 다섯 살 때 세종이 보낸 신하 앞에서 멋진 시를 지어 비단 50필을 선물로 받았어요. 1455년 세조가 단종을 밀어내고 왕위에 올랐다는 것을 알고, 준비하던 과거를 포기한 채 전국을 떠돌았어요. 1456년 단종을 다시 왕으로 세우려던 사육신*이 죽자, 이들의 시신을 거두어 노량진에 묻어 주었어요. 금오산에 들어가 6년 정도 지냈는데, 이때 《금오신화》를 썼어요.

김시습의 이모저모

시대: 조선
직업: 학자, 소설가
별명: 김오세
호: 매월당
대표작: 《금오신화》

★ **사육신** 단종을 지키려다 죽은 여섯 명의 충신으로, 박팽년·이개·하위지·유성원·성삼문·유응부를 이름

우리가 알아야 할 **김시습** 이야기

끝까지 소신을 지킨 선비

어린이 역사 기자 저는 지금 수락산에 나와 있습니다. 이곳은 조선 제일의 천재 작가, 김시습이 10여 년 동안 머물던 장소입니다. 지금부터 그가 이곳에 오기까지의 이야기를 들어 보려 합니다.
안녕하세요? 선생님은 태어난 지 8개월 만에 글을 알고, 세 살엔 시를 지었다던데, 정말인가요?

김시습 내가 어렸을 때 어른들이 '공자가 다시 살아 돌아왔다.'라고 했대요. 내 이름이 시습(時^{때 시}習^{익힐 습})인 것도 《논어》에 나오는 '배우고 때로 익히면 기쁘지 아니한가?'에서 따온 거예요.
내가 세 살 때 방아 찧는 모습을 보고 읊은 시를 들려줄게요.
"비는 내리지 않는데 천둥소리 어디에서 들리나.
누런 구름 조각조각 사방으로 날리네."
방아 찧을 때 나는 소리를 천둥에, 보리 껍질이 흩어지는 모습을 구름에 빗댄 거지요.

어린이 역사 기자 그 소문이 세종의 귀까지 들어갔다면서요?

김시습 내가 천재라는 소문이 퍼졌거든요. 하루는 왕이 신하 박이창을 보냈어요. 내 실력을 직접 알아보라고요.
박이창이 "네 이름이 들어가게 시를 지을 수 있겠느냐?"라고 묻길

래 나는 "올 때 포대기에 싸인 김시습입니다."라고 대답했어요. 박이창은 이어서 "저 벽에 걸린 그림을 보고 시를 지어 보아라." 하더군요. 나는 즉시 시를 읊었지요. "강 위에 조그만 정자처럼 떠 있는 배 위에는 누가 살고 있을까?" 박이창은 몇 개의 문제를 더 내었는데, 나는 그때마다 재빨리 시를 지었어요.

박이창은 이 일을 세종에게 전했어요. 왕은 "참으로 대견하도다. 그 아이를 정성스럽게 가르쳐 키우도록 하라. 김시습이 크면 내 크게 쓰고자 하노라." 하면서 비단 50필을 선물로 내렸어요.

어린이 역사 기자 정말 세종의 기대를 듬뿍 받았군요! 그 뒤로 바로 벼슬길로 나갔나요?

김시습 아니요. 그러지 못했어요. 과거를 준비하고 있을 때 임금이 세상을 떠났어요. 세종의 아들 문종이 왕이 되었으나 몸이 약했어요. 문종은 왕이 된 지 2년여 만에 세상을 떠났지요. 뒤이어 문종의 아들, 단종이 왕위에 올랐어요. 그때 단종의 나이는 겨우 열두 살이었어요.

그러자 단종의 작은아버지 수양 대군이 왕의 자리를 탐냈어요. 수양 대군은 어린 조카와 그를 모시던 신하들을 죽이고 왕이 되었지요. 나는 산속에서 공부를 하다가 이 소식을 전해 듣고 절망했어요. 사흘을 눈물로 지새우다 공부하던 책을 전부 불살라 버렸어요. 과거를 포기하고, 벼슬길로 나아가는 꿈도 버렸지요.

어린이 역사 기자 왜요? 과거를 보고 벼슬을 얻는 것은 임금이 누구든 상관없는 거 아니에요?

 **김시습** 나는 단종을 내쫓고 왕위를 빼앗은 수양 대군(세조)을 인정할 수 없었어요. 어린 시절 세종이 내게 비단까지 내리며 기대를 걸었던 이유가 뭐겠어요? 공부를 많이 하고, 훌륭한 관리가 되어 나라와 백성을 위해 일하라는 뜻 아니겠어요? 하지만 이제 벼슬을 하면 세조를 돕는 일이 되잖아요. 내가 선택할 수 있는 일은 머리 깎고 승려가 되는 것뿐이었어요. 그때부터 전국을 떠돌며 불교 공부를 했어요. 글도 많이 썼지요. 내가 쓴 시가 2천 편이 넘는답니다, 허허.

 **어린이 역사 기자** 하지만 세조를 도운 적이 있지요?

 **김시습** 맞아요. 세조는 한문으로 쓰인 불경을 우리말로 옮길 사람을 찾았는데, 여러 신하들이 나를 추천했나 봐요. "그 일을 할 사람은 김시습뿐입니다. 김시습은 불경 이해가 깊고, 우리말로 제대로 풀이하여 쓸 수 있습니다."라면서요. 가까운 사람들이 부탁을 하는 바람에 거절할 수 없었어요. 불당에 머물며 번역을 하다

가 열흘 만에 박차고 나왔어요. 벼슬아치들이 자기 마음 편하자고 불경을 읽으면서 여전히 농민과 노비들을 함부로 대하는 것을 보니 참을 수가 있어야지요. 다시 산속의 절로 도망쳐 버렸어요.

어린이 역사 기자 세조가 벼슬을 주겠다고 했는데도 거절했다면서요?

김시습 세조가 "김시습은 이제 그만 세상에 나와 백성들을 위해 일하라. 이조 판서 자리를 주겠다."라고 한 적이 있어요. 그때 세조는 능력 있는 관리가 절실히 필요했어요. 하지만 나는 바로 거절해 버렸어요. "사슴이 마을에 내려가면 개한테 물릴 따름이오."라고 대답했지요. 내가 세조의 신하로 들어가면 그가 왕이 되도록 도왔던 신하들이 가만히 두었겠어요? 아마 사슴인 나에게 그들이 사냥개처럼 달려들었을걸요?

어린이 역사 기자 김시습 님을 '생육신'이라고 부르던데, 그건 무슨 뜻이에요?

김시습 세조를 인정하지 않고 끝까지 단종을 임금으로 모셨다는 뜻이에요. 생육신은 살아 있으면서 세조에게 반대한 사람들이에요. 벼슬을 포기하고 명예를 버린 채 단종에게 충성을 지킨 여섯 사람이지요. 이들 중에는 귀머거리나 장님인 척한 사람도 있어요. 나처럼 산속에 숨어 살기도 했고요. 왜 그랬냐고요? 세조 곁에서 벼슬을 하지 않으려고 그런 거지요.

김시습의 업적 이야기

김시습은 뭘 했을까?

전국을 떠돌던 김시습은 금오산(지금의 경상북도 경주 남산)에 머물면서 많은 시와 소설을 썼어요. 그중 대표적인 작품이 《금오신화》예요. '금오산에서 지은 새로운 이야기'라는 뜻이지요. 현재까지 남아 있는 것은 5편이에요. 이 소설의 주인공들은 평범한 인간이에요. 단, 죽은 사람이나 선녀, 염라대왕, 용왕을 만나는 특별한 경험을 하지요.

《금오신화》는 이전의 이야기들과는 달랐어요. 인간의 감정과 의지가 잘 드러나 있지요. 주인공은 우리나라 사람이고, 배경도 우리나라여서 한국의 풍속*과 정신이 녹아 있고요. 그래서 《금오신화》를 '우리나라 최초의 소설'이라고 부르는 거예요. 《금오신화》 이후에 다양한 소설이 나왔어요.

> 우리나라 최초의 소설 《금오신화》

★ **풍속** 한 사회에 전해 오는 생활 습관 따위

TIP 《금오신화》 중 〈이생규장전〉 살펴보기

이생은 글공부를 하던 중에 아름다운 여인 최랑을 보고 사랑에 빠져요. 두 사람은 부모님의 반대를 딛고 결혼하지요. 행복하게 살던 것도 잠시, 난리가 일어나서 최랑이 세상을 떠나요. 죽은 최랑은 환생하여 이생과 한집에서 살아요. 어느 날 최랑은 다시 사라지고, 이생도 몇 달 후 시름시름 앓다가 죽어요.
어때요? 조선 시대에 두 남녀가 자유롭게 사랑을 하고, 부모의 반대를 딛고 결혼까지 한다는 줄거리가 놀랍지 않나요? 죽은 사람이 다시 살아나 남편과 사랑을 하는 것도 그렇고요.

김오세 김시습

세종이 보낸 신하 앞에서 김시습이 시를 척척 지어 낸 나이가 다섯 살이었어요. 사람들은 다섯 살 어린아이가 임금의 기대를 받고, 비단까지 선물로 받은 것에 깜짝 놀랐어요. 다섯 살에 천재적인 모습을 드러낸 김시습을 사람들은 이름보다 '김오세(五$^{다섯\ 오}$歲$^{나이\ 세}$)'라는 별명으로 더 많이 불렀대요.

사육신의 시신을 묻어 줌

억지로 왕위를 빼앗은 세조가 다스리는 조선은 어지러웠어요. 그러던 1456년 사육신은 세조를 죽이고 강원도 영월에 있던 단종을 다시 왕으로 세우려는 계획을 세워요. 하지만 계획이 들통나면서 사육신은 잡혀갔어요.

산속에 있던 김시습은 이 소식을 듣고 서둘러 한성(서울의 옛 이름)에 올라왔어요. 사육신이 단종에게 충성하다가 죽어 가는 모습을 멀리서 지켜봤지요. 사람들은 세조가 무서워서 길에 버려진 사육신의 시신을 보고만 있었어요. 이때 김시습이 용기 있게 사육신의 시신을 거두었어요. 시신과 함께 배를 타고 한강을 건너 노량진으로 갔어요. 그리고 정성껏 묻고, 작은 돌로 비석도 세워 주었어요. 지금 서울시 동작구 노량진동에 있는 '사육신 묘'가 그때 김시습이 시신을 묻어 주었던 곳이에요.

 **김시습과 함께 보기**

한명회의 얼굴이 빨개진 까닭

한명회(1415~1487)는 세조를 만나기 전에는 과거에 여러 번 떨어진 별 볼 일 없는 사람이었어요. 하지만 세조를 만나면서 그의 인생이 달라졌어요. 세조가 왕이 되도록 적극적으로 도왔고, 덕분에 큰 벼슬을 얻었지요.

한명회는 단종을 모시던 신하들을 죽이고, 단종이 다시 왕이 되길 꿈꾸던 사육신을 처리했어요. 자신들을 돕지 않은 사람, 즉 반대파에 있던 사람들의 명단을 적어 차례대로 죽였어요. 그뿐만 아니라 자신의 딸들을 예종과 성종의 부인으로 만들어 힘을 키웠어요. 한명회는 평생 왕 못지않은 권력을 누렸고, 엄청난 재산을 모았어요.

그는 지금의 서울시 강남구 압구정동 자리에 화려한 별장을 짓고 살았어요. 강과 숲이 어우러져 경치가 무척 좋았거든요. 어느 날 김시습이 한강에 나갔다가 '압구정'이라고 쓴 한명회의 정자를 보았어요. 가까이 가 보니 입구에 글이 쓰여 있었어요.

"젊어서는 나랏일에 힘쓰고, 늙어서는 자연 속에 누웠네."

한명회가 스스로를 칭찬하면서 써 놓은 글이지요.

이를 본 김시습은 코웃음을 쳤어요. 그리고 글자를 몇 개 바꿔 이렇게 고쳐 놓았어요.

"젊어서는 나랏일을 위태롭게 하고, 늙어서는 자연을 더럽혔네."

한명회는 얼굴이 벌게져서는 그 글을 당장 없애 버렸대요.

48

역사 **체험 학습**

김시습의 발자취

수락산

📍 서울특별시 노원구 상계동

김시습은 서른여덟 살 즈음 한성으로 올라와 10여 년간 수락산에 머물렀어요. 수락산 기슭에 '폭천정사'라는 초가집을 짓고 생활했으나, 이 집이 어딘지는 정확히 알 수 없어요. 수락산 내원암 근처로 추정하고 있지요.

수락산 제3등산로 이름이 '김시습산길'이에요. 수락산 곰바위 꼭대기에는 김시습을 기리는 팔각 정자 매월정이 있어요. 매월정은 수락산을 오르내리는 사람들에게 휴식처가 되어 주고 있어요.

김시습은 아름다운 수락산의 모습을 10여 편의 시로 남겼는데, 그중 한 편을 소개할게요.

수락산의 남은 노을

한 점 두 점 떨어지는 노을 저 멀리
서너 마리 외로운 따오기 돌아온다.
봉우리 높아 산허리의 그림자 덤으로 본다.
물 줄어드니 푸른 이끼 낀 물 드러나고
가는 기러기 낮게 맴돌며 건너지 못하는데
겨울 까마귀 깃들려다 도로 놀라 난다.
하늘은 한없이 넓은데 뜻도 끝이 있나
붉은빛 머금은 그림자 밝은 빛에 흔들린다.

서·울·위·인 | 05

동양 최고의 의학 백과사전 《동의보감》을 쓴 의원

허준

조선 | 1539 ~ 1615 | 한의사

허준과 서울특별시

허준은 지금의 서울시 강서구 등촌동 자리에서 태어나고 자랐어요. 가양동 탑산의 허가바위는 허준이 《동의보감》을 쓴 곳으로, 양천 허씨 시조*가 태어났다는 전설이 내려오지요. 허준은 뛰어난 의술로 정1품의 높은 벼슬을 받아요. 허준이 살았던 강서구에서는 매년 허준의 업적을 기리기 위해 '허준 기념 축제'를 열고 있어요.

> 나는 왕의 건강을 살피는 일을 했어. 선조를 40년간 돌봤지. 내가 쓴 《동의보감》은 우리 주변에서 쉽게 구할 수 있는 약재로 병을 치료하는 방법을 알려 준 책이야. 《동의보감》은 2009년 유네스코 세계 기록 유산에 올랐단다.

인물 소개

1569년 궁중의 의약을 담당하는 내의원에 들어갔어요. 오랫동안 내의원에서 일하며 왕과 왕실의 건강을 돌보았지요. 1592년 임진왜란이 일어나자 선조를 보살피기 위해 함께 피란*을 떠났어요. 1610년 총 25권의 의학책 《동의보감》을 완성했어요. "병이 생기기 전에 몸을 건강하게 관리하고 예방을 잘하는 것이 가장 좋은 치료책이다."라는 명언을 남겼답니다.

허준의 이모저모

- 시대: 조선
- 호: 구암
- 직업: 한의사
- 특기: 약초 캐기
- 대표작: 《동의보감》

★ **시조** 한 나라나 집안의 맨 처음이 되는 조상
★ **피란** 난리를 피하여 옮겨 감

 우리가 알아야 할 **허준** 이야기

백성도 쉽게 볼 수 있는 의학책을 만들다!

1592년, 일본군이 쳐들어오자 선조 임금은 몸을 피하기로 했어요. 의원들은 누가 임금과 함께 피란길에 오를지 회의를 하고 있었어요.

"나는 늙은 어머니를 모셔야 해서 의주까지 가기 어렵네."

"아이고, 저는 허리가 아파서 오래 걷지를 못합니다."

다들 따라가지 않으려고 꽁무니를 뺐어요. 왜냐고요? 밥도 제대로 못 먹고, 몇 달을 걸어서 먼 길을 가야 하니까요. 그때 허준이 나섰어요.

"제가 가겠습니다. 어의*로서 끝까지 임금님을 지키겠습니다."

허준은 보따리에 각종 약재와 약초들을 가득 담아 길을 나섰어요. 피란 생활은 무척 힘들었어요. 불편한 잠자리와 거친 음식 때문에 선조는 몸 여기저기에 병이 났고, 그때마다 허준의 도움을 받았어요.

"전하의 병은 전쟁 때문에 마음이 괴로워 생긴 병입니다. 부디 마음을 편안하게 가지시옵소서. 어서 전쟁을 끝내고 좋은 정치를 펼칠 생각만 하십시오."

그 당시 백성들의 생활은 무척 힘겨웠어요. 전쟁터에서 싸우다가 죽거나 다치는 사람들이 넘쳐 났어요. 농사도 잘되지 않아 굶주림에 시달렸고요.

"아, 백성들이 치료 한 번 받지 못하고 죽는 모습을 보니 너무나 안타깝구나. 백성들이 볼 의학책이 있다면 얼마나 좋을까? 허 의원의 생각은 어떤가?"

★ **어의** 궁궐 내에서, 왕과 왕족의 병을 치료하는 의사

"전하, 제 생각도 같사옵니다. 중국에서 온 의학책은 백성들이 이해하기 어렵습니다. 중국 약재만 적어 놓았기 때문에 아파도 그 약재를 구할 길이 없습니다. 우리 백성들이 쉽게 이해하고, 따라 할 수 있는 책이 필요합니다."

선조는 허준에게 의학책을 만들라고 명했어요. 하지만 전쟁 중이라 집중해서 책을 쓸 수가 없었어요.

'전쟁을 겪으며 다치고 병든 환자들이 계속 늘고 있다. 책 쓰기보다 환자 치료가 먼저다!'

그러는 사이 전쟁이 끝나고 조선은 조금씩 안정을 되찾았어요. 하지만 얼마 뒤 선조가 쓰러졌어요. 생명이 위태로웠지요. 허준은 선조를 살리기 위해 온갖 약을 쓰며 돌보았지만, 허준의 정성에도 선조는 세상을 떠나고 말았어요. 신하들은 그 책임을 허준에게 돌렸어요.

"어의인 허준이 약을 제대로 쓰지 못했기 때문에 전하가 돌아가신 것입니다. 허준에게 큰 벌을 내려야 합니다!"

허준은 먼 곳으로 귀양*을 가야 했어요. 하지만 허준은 귀양을 새로운 기회로 만들었어요. 의학책을 쓰기로 한 거예요.

허준은 귀양살이를 하는 동안 25권의 의학책을 완성했어요. 선조의 명을 받아 책을 쓰기 시작한 지 14년 만이었어요. 이 책이 바로 '동양 최고의 의학책'으로 꼽히는 《동의보감》이랍니다.

★ **귀양** 죄인을 먼 시골이나 섬으로 보내 살게 하던 벌

허준의 업적 이야기

허준은 뭘 했을까?

동양 의학의 수준을 높임

《동의보감》은 우리나라 사람의 몸에 맞는 치료 방법을 소개한 의학책이에요. 이전의 의학책은 대부분 중국에서 온 것이었어요. 이해하기 어렵고, 이해하더라도 책에 나온 약재를 구하기가 어려웠지요.

《동의보감》은 우리 땅에서 손쉽게 구할 수 있는 약재와 쉬운 치료법을 알려 줘요. 예를 들어 감기에 걸려 추위를 느낄 때, 목이 아프거나 기침을 할 때 생강을 먹으라고 해요. 생강은 몸을 따뜻하게 해 주는 식물이거든요. 값도 싸고 주변에서 쉽게 구할 수 있지요.

《동의보감》은 쓰는 방식도 달랐어요. 이전에는 병의 이름을 적고, 그에 맞는 치료법을 써 놓았어요. 자신의 병 이름을 모르면 책을 봐도 아무 소용없었지요. 《동의보감》은 병의 이름이 아닌 증상별로 내용을 구분해 놓았기 때문에 누구나 편리하게 찾아볼 수 있었어요. 또 세계 최초로 예방 의학을 강조한 책이기도 해요. 병이 난 후에 고치려 하지 말고 병이 나기 전에 미리 몸을 관리하라고요.

《동의보감》은 훗날 중국과 일본까지 퍼져 나가면서 큰 영향을 미쳤어요. 400여 년이 지난 지금까지도 한의학을 공부하는 학생들이 꼭 익혀야 할 교과서로 쓰인답니다.

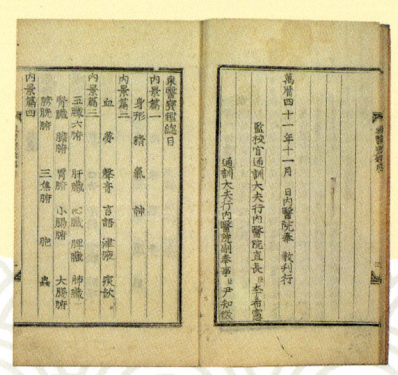

《동의보감》(국보 제319호)

유네스코가 인정한 《동의보감》

《동의보감》은 2009년 유네스코 세계 기록 유산에 올랐어요. 유네스코에서는 "《동의보감》은 의학 정보와 중국과 한국의 여러 의학책을 정리한 의학 백과사전이다. 내용이 훌륭할 뿐 아니라 세계 최초로 일반인을 위한 의학책이라는 점을 높이 평가한다."라고 했어요.

백성들이 쉽게 읽는 의학책

허준은 《동의보감》 말고도 여러 권의 의학책을 썼어요.

《찬도방론맥결집성》 진맥* 보는 법을 정리한 책
《언해구급방》 응급조치법을 쓴 책
《언해두창집요》 두창(천연두)* 치료법을 가르쳐 주는 책
《언해태산집요》 아기를 잘 낳고, 잘 돌보는 방법을 적은 책

제목에 '언해'가 붙은 세 권은 원래 한문으로 쓴 것을 한글로 바꾸어 다시 펴낸 책이에요. 한자를 모르는 일반 백성들이 쉽게 읽고 따라 할 수 있도록 배려한 것이지요. 허준은 왕실만 돌본 것이 아니라 여러 사람들에게 자신의 치료 방법을 알려 준 마음 따뜻한 의사였어요.

★ **진맥** 손목을 짚어 핏줄이 뛰는 느낌으로 몸의 기운과 건강을 알아보는 진찰 방식
★ **두창(천연두)** 열이 몹시 나고 온몸에 두드러기가 생기는 전염병

허준과 함께 보기

우리나라 최초의 여의사

박에스더 (1877~1910) 의사

서울시 중구 정동의 가난한 집안에서 태어났어. 미국인 선교사 집에서 일하던 아버지의 소개로 이화 학당에 입학할 수 있었지. 열네 살부터 우리나라 최초의 여성 전문 병원인 보구여관에서 일을 도우며 의사의 꿈을 키웠어.

보구여관에서 만난 선교사의 도움으로 미국에 가서 의과 대학을 졸업했어. 그때 우리나라에 서양 의학을 공부한 의사로는 서재필, 김익남 겨우 2명이 있었어. 나는 우리나라의 세 번째 양의사이자, 첫 번째 여의사였지.

한국에 돌아와 밤낮을 가리지 않고 환자를 돌봤어. 1900년대 여자들은 남자 의사에게 몸을 보일 수 없다는 생각을 가지고 있었어. 많은 여자들이 병에 시달리면서도 진료를 받지 못해 죽었어. 여의사가 진료한다는 소문을 듣고 찾아온 여자 환자들이 너무 많아 쉴 틈이 없었어. 추운 겨울에는 당나귀가 끄는 썰매를 타고 직접 환자를 찾아다니기도 했어.

10여 년 동안 의료 활동을 벌이던 나는 정작 내 몸에 엄청난 병이 자라고 있다는 사실을 미처 알지 못했어. 그 당시 치료약이 없던 무서운 질병, 폐결핵이었어. 나는 1910년 서른네 살의 나이에 세상을 떠났지.

역사 **체험 학습**

허준의 발자취

허준 박물관

📍 서울특별시 강서구 가양동   ☎ 02)3661-8686

한의학 발전에 커다란 도움을 준 허준의 업적을 알리고자 세운 박물관이에요. 이곳에 가면 허준의 일생과 《동의보감》 관련 자료를 볼 수 있는 '허준 기념실'이 있어요. '약초 약재실'에서는 《동의보감》 속 약초와 약재를 소개하고요. 왕실의 내의원과 일반 백성이 이용하던 한의원을 재현한 전시관도 있어 조선 시대 의원 모습을 살펴볼 수 있답니다. 체험실에 가면 약재를 갈고 약첩을 싸는 재미있는 체험도 할 수 있으니, 꼭 한번 방문해 보세요!

《동의보감》(국보 제319호)

구암 공원

📍 서울특별시 강서구 가양동

탑산 아래 허가바위 주변에 만든 허준 기념 공원이에요. 허가바위 아래에는 어른 10여 명이 들어갈 수 있는 동굴이 있어, 임진왜란, 병자호란 등 난리 때마다 사람들이 이곳에 몸을 숨겼대요. 구암 공원이라는 이름은 허준의 호를 딴 거예요. 공원에는 환자를 진료하는 인자한 모습의 허준 동상이 있어요.

서·울·위·인 | 06

조선의 변화에 앞장선 《열하일기》의 작가

박지원

조선 | 1737~1805 | 학자

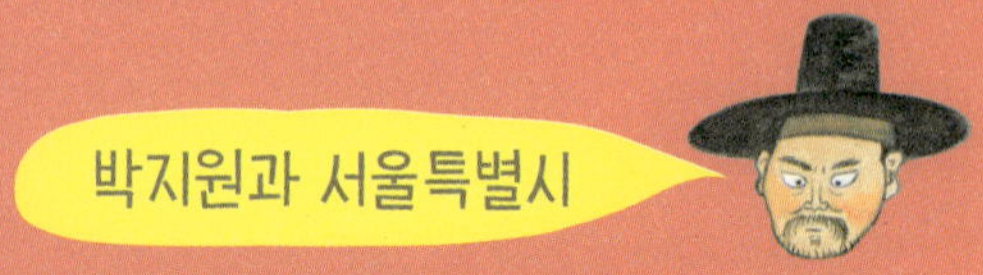

박지원과 서울특별시

박지원은 지금의 서울시 중구 순화동 근처의 양반집에서 태어났어요. 박지원이 실학자 친구들과 한창 어울릴 때는 지금의 종로구 탑골 공원 근처에 살았고요. 소설 〈허생전〉의 배경은 남산 바로 밑, 중구 묵정동(동국 대학교와 퇴계로 사이)이에요.

> 나는 생활에 도움이 되는 학문을 연구했던 실학자야. 글만 읽는 게 무슨 소용이야. 백성들의 실제 생활에 도움을 주는 학문을 연구해야지! 청나라를 여행하고 쓴 《열하일기》는 중국의 발달한 문화와 기술을 조선이 배워야 한다고 주장한 책이야.

인물 소개

할아버지가 높은 벼슬을 했지만 워낙 정직하고 깨끗한 분이어서 집안 형편이 어려웠대요. 1770년 과거를 포기하고 평생 학자와 작가로 살기로 결심했어요. 1780년 중국 청나라에 다녀온 후 《열하일기》를 쓰기 시작했어요. 1786년 벼슬에 뜻이 없었지만 친구의 추천으로 뒤늦게 벼슬살이를 시작했어요. 옛것을 본받되 새롭게 창조해서 받아들이자고 주장했어요.

박지원의 이모저모

시대 조선

호 연암

직업 실학자, 소설가

대표작 《열하일기》, 〈양반전〉

특기 글쓰기

취미 중국 여행하면서 세상 둘러보기

 우리가 알아야 할 **박지원** 이야기

새로운 것을 받아들이자!

1780년, 조선 사절단* 일행은 압록강을 건너 청나라에 도착했어요. 압록강을 건너면서부터 박지원은 감탄을 멈출 수 없었지요.

"청나라는 이런 변두리 도시조차 화려하구나. 벽돌을 이용해 집을 짓고, 거리에는 화물을 실은 마차들이 돌아다니네. 청나라는 이토록 발전했는데, 조선은 청나라를 외면하고 있다니……. 이래선 안 돼. 청나라의 과학과 기술을 배워야 해!"

★ **사절단** 나라를 대표하여 임무를 띠고 외국에 가는 사람들의 무리

조선에 비해 훨씬 발전해 있는 청나라의 모습을 보며, 박지원은 자신의 생각과 선택이 옳았다고 확신했어요. 몇 년 전까지만 해도 그는 과거에 합격하기 위해 공부하던 평범한 선비였어요.

　　과거 시험장으로 들어가는 박지원의 발걸음은 무거웠어요. 벌써 몇 년째 과거를 보고 있지만 영 마음이 내키지 않았거든요. 1차 시험에 일등으로 합격했지만, 2차 시험은 답안지에 아무것도 쓰지 않고 나와 버린 적도 있었어요.

　　'과거에 합격하면 벼슬을 얻어 편안하게 살 수 있다. 하지만 과거에 합격하려면 남이 쓴 글을 달달 외워서 옮겨 적어야 한다. 이 무슨 쓸모없는 짓인가? 그 글이 나의 생각이라 할 수 없고, 백성들의 생활에도 아무런 도움이 안 되지 않는가?'

　　결국 박지원은 이번에도 빈 답안지를 내고 시험장을 나왔어요.

　　'더는 과거에 매달리지 않겠다. 내가 하고 싶은 공부를 하고, 마음껏 글을 쓰며 살겠어!'

　　그때부터 박지원은 읽고 싶은 책을 마음껏 읽고, 자유롭게 여행을 다녔어요. 친한 친구들과 지식을 나누거나 토론하기를 즐겼는데, 특히 박지원은 자신보다 여섯 살 많은 홍대용과 자주 만났어요.

　　"청나라에 다녀온 이야기를 더 들려주십시오. 청나라는 과학 기술이 무척 발달했다면서요?"

　　"청나라에서는 과학 기술을 일상생활에서 쓰고 있더군. 천문학을 연구해서 농업에 활용하거나, 편리한 농기계를 사용하고 있다네. 청나라가 이렇게 발전하고 있는데도 조선의 양반들은 실생활에 쓰이는 학문에는 관심이 없고, 그저 체면만 따지고 있어, 쯧쯧."

　　당시 조선의 양반들은 청나라를 '오랑캐의 나라'라고 무시했어요. 청나라는 중국 전체를 아우르고 서양의 문물을 받아들이면서 문화, 과학, 상업이 무척 발달해 있었는데도 말이에요.

"그러게 말입니다. 조선은 청나라를 무시만 할 것이 아니라 발달한 과학 기술과 우수한 문화를 배워야 합니다. 그래야 백성들이 가난에서 벗어나고 조선이 강한 나라가 될 수 있습니다."

이런 박지원의 생각에 공감하는 학자들은 점점 늘었어요. 홍대용은 물론이고 이덕무, 유득공, 박제가, 이서구 등은 박지원의 집에 모여 밤새도록 학문과 기술의 결합을 토론했어요. 박지원은 중국에 다녀온 친구들의 이야기에 귀 기울이고, 책도 많이 읽었지만 늘 가슴 한쪽에 아쉬움이 남아 있었어요.

'홍대용 형님도 청에 다녀왔고, 이덕무와 박제가도 청나라를 여행하고 돌아와 책을 썼지. 나도 청나라를 직접 볼 수 있으면 얼마나 좋을까?'

그러던 중 박지원에게도 기회가 왔어요. 박지원의 친척 형님이 청나라 황제의 일흔 살 생일을 축하하는 사절단으로 가게 된 거예요. 박지원은 그 형님의 비서 역할을 맡아 청나라에 따라갈 수 있었어요.

박지원은 청나라 이곳저곳을 살펴보았어요. 수레, 극장, 시장, 다리, 무기 창고 등을 보고 그때그때 모양과 자신의 생각을 적어 놓았어요.

박지원 일행은 여러 날이 걸려 청나라 수도인 연경에 도착했는데, 하필 황제가 자리를 비운 상태였어요. 열하에 있는 여름 별장에서 휴식을 취하는 중이었던 거예요. 황제의 생일 축하 잔치도 그곳에서 열릴 계획이었고요. 사절단은 다시 닷새를 걸어 열하로 가야 했어요. 그런데 박지원은 오히려 이 상황을 기뻐했어요. 열하로 가는 동안 더 많은 구경을 할 수 있으니까요.

열하에 도착한 박지원은 다양한 사람들을 만났어요. 청나라 학자들과 정치, 역사, 문화, 음악, 천문 등을 주제로 대화했어요. 티베트, 몽골, 위구르 사람들과도 이야기를 나누었지요.

  박지원은 약 5개월 동안 청나라를 여행했어요. 그리고 조선으로 돌아와서 글을 쓰기 시작했지요. 그때 나온 책이 바로 《열하일기》예요. 박지원은 《열하일기》에 청나라에서 보고 들은 것, 배우고 온 것을 적어 놓았어요. 열하에서 만난 황제, 학자, 종교인, 상인의 모습을 개성 있고 실감 나게 묘사했어요. 자신이 공부한 실학과 이를 어떻게 사용해야 하는지에 대한 의견도 써 놓았지요. 《열하일기》에서 박지원은 "비록 오랑캐의 것이라도 조선의 백성들에게 도움이 된다면 그 기술이나 문화는 마땅히 배워야 한다."라고 주장했어요.

박지원 초상

박지원의 업적 이야기

박지원은 뭘 했을까?

박지원은 청나라 여행길에서 보고 들은 것, 만난 사람, 생각한 것을 매일 기록했어요. 꼼꼼한 기록을 바탕으로 쓴 책이 《열하일기》예요. 《열하일기》에는 박지원이 연구한 실학, 청나라 학자들과의 토론, 청나라의 정치와 제도에 대한 의견 등 다양한 내용이 들어 있어요. 이뿐만이 아니에요. 여행길에 쓴 〈허생전〉, 〈호질〉 같은 소설도 실려 있답니다. 《열하일기》는 단순한 여행기가 아니라 정치, 경제, 문화, 사회, 예술, 풍습 등의 지식과 그에 대한 생각을 모아 놓은 '박지원의 백과사전'이라고 할 수 있어요.

박지원의 백과사전 《열하일기》

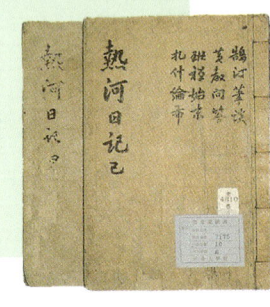

《열하일기》

조선을 뒤흔든 연암체

《열하일기》가 나오자마자 조선은 발칵 뒤집혔어요. 이제까지 볼 수 없던 흥미진진한 이야기와 술술 읽히는 문장 때문에 서로 읽으려고 난리였지요. 박지원의 집 앞에는 《열하일기》를 빌리거나 베껴 쓰려고 찾아온 젊은이들이 줄을 섰어요. 이 책을 한 번 읽은 사람은 또 읽고 싶어 했고, 주변 사람에게 권했어요. 조선의 젊은이들은 박지원의 넓은 생각, 자유로운 글에 폭 빠졌어요. 사람들은 박지원의 독특한 글쓰기를 '연암체'라고 부르며 따라 했어요. 그러자 양반들은 《열하일기》를 형편없는 작품이라고 깎아내리고, 연암체를 따라 하지 못하도록 막았어요. 젊은이들이 박지원처럼 글을 쓰면서 정치와 양반의 잘못을 지적하는 내용이 점점 많아졌기 때문이에요.

대표작 〈허생전〉 살펴보기

남산 아래 사는 허생은 책만 보는 선비예요. 평생 돈 한 푼 벌어 본 적 없지요. 어느 날 허생은 가난에 시달리던 아내가 잔소리를 퍼붓자 집을 뛰쳐나와요. 그 길로 제일가는 부자를 찾아가 만 냥을 빌리지요. 허생은 이 돈으로 제사에 올리는 과일을 모두 샀어요. 얼마 후 과일값이 열 배로 뛰자 과일을 팔아 큰돈을 벌었지요. 또 제주도에서 말총을 전부 사들여요. 말총은 조선 시대 선비들이 쓰는 갓, 망건을 만드는 재료예요. 얼마 뒤 말총이 모자라 망건값이 열 배로 뛰어요. 허생은 이렇게 번 엄청난 돈을 전부 사람들에게 나누어 주고 다시 빈털터리가 되어 집으로 돌아와요.

〈허생전〉은 상업을 낮게 보는 양반들을 공격한 소설이에요. 허생을 통해 상업이 국가 경제 전체를 들었다 놨다 할 수 있다는 것을 보여 준 것이지요.

저수지를 만든 관리

박지원은 쉰 살에 친구의 추천으로 처음 벼슬길에 올랐어요. 몇 해 뒤 경상도 안의현 현감으로 갔는데, 박지원은 이 마을에서 농사법을 바꿔 보기로 해요. 가뭄에 대비할 수 있는 저수지를 만들기로 한 거예요. 박지원은 저수지를 만드는 데 쓸 벽돌을 직접 굽고, 수레와 도르래를 사용해 벽돌을 쉽게 쌓아 올렸지요. 그간 연구한 실학을 써먹은 거예요. 저수지 덕분에 물이 풍족해져서 안의현의 쌀 수확량이 크게 늘었대요. 훗날 박지원은 이 경험을 바탕으로 농업 기술을 알려 주는 책 《과농소초》를 썼어요.

박지원과 함께 보기

박지원과 북학파 학자들

북학파 학자들은 당시 발전했던 청나라의 학문과 과학 기술을 받아들이자고 주장했던 사람들이에요. 박지원 주위 북학파 학자들은 누가 있는지, 또 무슨 일을 했는지 알아보아요.

홍대용 (1731~1783)

수학과 과학에 관심이 많았던 실학자야. 뛰어난 천문 관측으로 지구가 둥글다는 사실을 조선에서 처음으로 주장했어. 혼천의(천체의 움직임과 위치를 관측하는 기계), 자명종(정해 놓은 시각이 되면 자동으로 소리를 내어 시각을 알려 주는 기계)을 만들어 조선 사람들을 깜짝 놀라게 했지.

박제가 (1750~1805)

나는 청나라를 네 번이나 다녀온 후 《북학의》라는 책을 썼어. 이 책에서 상업과 무역을 발전시켜야 한다고 주장했어. 수레를 이용하여 국내 상업을 발전시키고, 튼튼한 배를 만들어 해외 여러 나라와 무역을 해야 한다고 말이야. 그러면 조선의 힘은 강해질 것이고 백성의 생활도 안정될 것이라 생각했어.

역사 **체험 학습**

박지원의 발자취

서울 원각사지 10층 석탑
- 서울특별시 종로구 종로2가 탑골 공원
- 국보 제2호

박지원이 살던 집이 원각사지 10층 석탑 주변에 있었어요. 많은 학자들이 박지원의 집에 모여 세상의 변화를 이야기했어요. 박지원을 중심으로 모인 실학자들을 북학파라고 불렀어요. 원각사지 10층 석탑을 한때 백탑이라고 불러서 북학파를 백탑파라고 부르기도 해요.

북촌 한옥 마을
- 서울특별시 종로구 계동

박지원은 벼슬을 그만둔 후 남은 생을 지금의 북촌 한옥 마을에 위치한 계산초당에서 보냈어요. 박지원은 그곳에서 글을 쓰며 시간을 보냈지요. 지금은 흔적이 남아 있지 않지만, 청나라에 갔을 때 본 대로 중국식 벽돌집을 지었다고 해요.

아라리촌
- 강원도 정선군 정선읍

조선 시대 후기 정선의 모습을 꾸며 놓은 마을이에요. 박지원의 소설 〈양반전〉의 배경이 되었던 곳이지요. 이곳에는 〈양반전〉의 내용을 표현한 모형들이 있어요.

서·울·위·인 | 07

을사조약에 반대하여 목숨을 바친 정치가

민영환

근대 | 1861 ~ 1905 | 정치가

민영환과 서울특별시

민영환은 서울시 종로구 견지동에서 태어났어요. 현재 조계사 앞에는 그가 살던 집터가 남아 있어요. 신촌과 광화문 사이의 서대문 로터리부터 아현 삼거리까지의 길을 '충정로'라고 하는데, 이는 민영환의 호를 딴 거예요.

> 나는 조선의 개혁을 이끌던 관리였어. 1905년 일본이 대한 제국의 외교권을 빼앗는 을사조약을 강제로 맺자, 이에 반대하면서 스스로 목숨을 끊었지. 국민들에게 을사조약의 부당함을 알리기 위해서였어.

인물 소개

1882년 스물두 살 때 성균관의 으뜸 벼슬인 대사성에 올랐어요. 1896년 러시아에 가서 발달한 문물을 경험했어요. 이후 일본, 미국, 영국 등지를 다녀온 뒤 조선의 개혁*을 주장했어요. 1905년 을사조약에 반대하는 글을 조정에 올렸으나 받아들여지지 않자 유서를 남기고 스스로 목숨을 끊었어요.

민영환의 이모저모

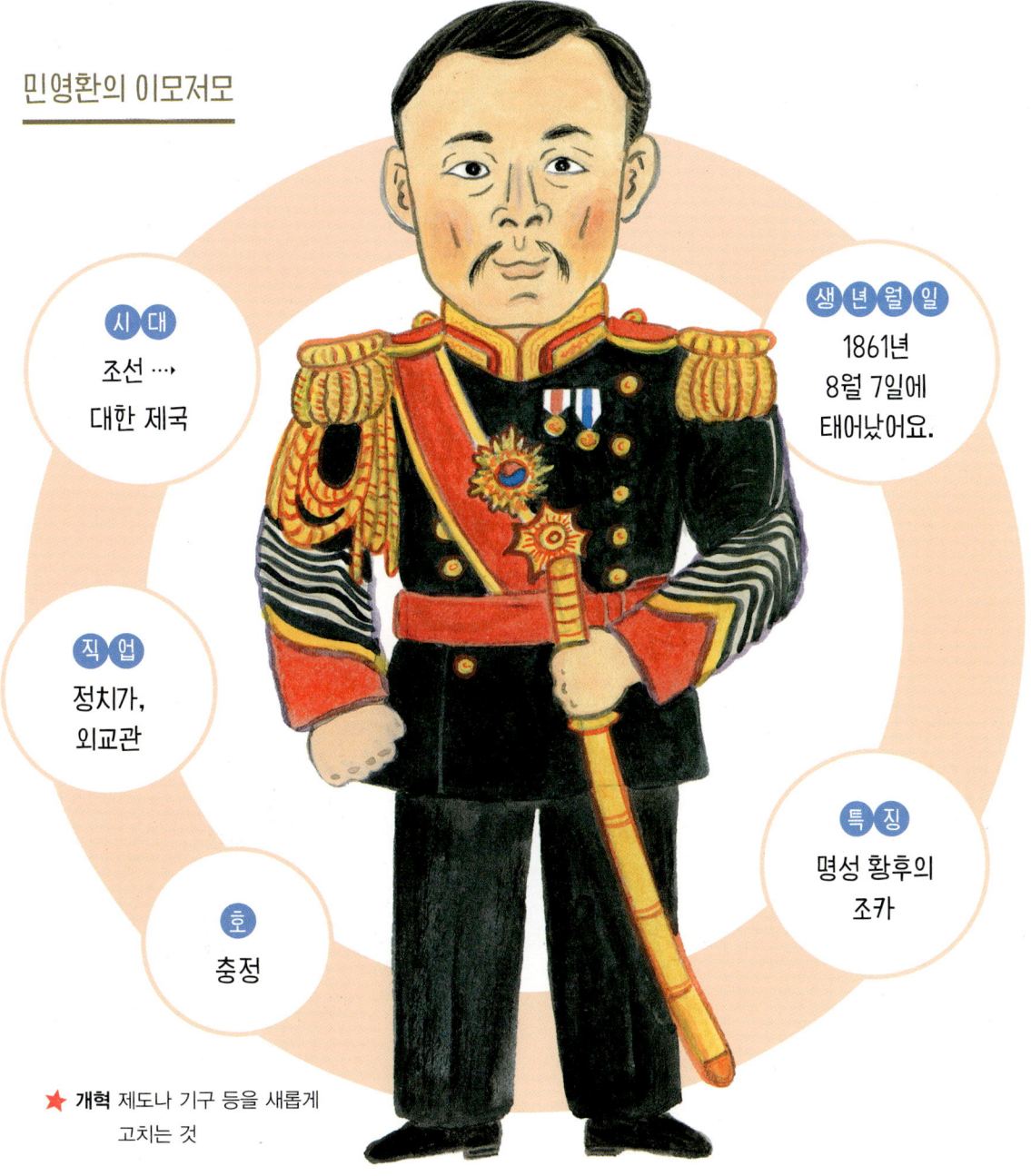

시대 조선 … 대한 제국

직업 정치가, 외교관

호 충정

생년월일 1861년 8월 7일에 태어났어요.

특징 명성 황후의 조카

★ **개혁** 제도나 기구 등을 새롭게 고치는 것

우리가 알아야 할 **민영환** 이야기

을사조약 반대와 을사오적 처단을 외치다

민영환은 열일곱 살에 과거에 합격한 후 빠르게 높은 벼슬에 올랐어요. 고종은 민영환에게 크고 중요한 일들을 믿고 맡겼지요.

"민영환은 러시아 니콜라이 2세 황제 대관식에 참석하여 우리나라의 상황을 알리고, 황제와 비밀 협상을 하고 오라!"

고종은 러시아를 끌어들여 일본의 세력이 커지는 것을 막을 생각이었어요. 하지만 러시아는 민영환이 부탁한 일을 들어주지 않았지요.

이듬해 민영환은 영국 빅토리아 여왕 즉위 60주년 기념식에 나라를 대표해 참석했어요. 민영환은 영국, 프랑스, 독일에 가서 조선의 독립을 보장해 달라고 부탁할 계획이었어요. 하지만 영국에서는 누구도 민영환이 가져간 고종의 편지를 읽지 않았어요. 프랑스, 독일의 반응도 싸늘했지요.

민영환은 세계 여러 나라를 돌아보며 생각이 넓어졌어요.

"세상이 이렇게 발전해 있는데, 우리는 그동안 무엇을 하고 있었지? 우리도 정치, 군사 제도를 바꿔서 새 나라를 만들어야

한다. 힘센 나라에 도와 달라고 할 게 아니라 우리 스스로 살아갈 수 있는 힘을 키워야 한다!"

그때부터 민영환은 나라를 개혁하는 데 앞장섰어요. 나라의 힘을 기르려고 노력하는 독립 협회도 뒤에서 도왔지요. 백성들도 민영환을 믿고 따랐어요.

"지금 정부에서 일하는 관리 중 믿을 만한 사람은 민영환뿐이야!"

민영환이 피나는 노력을 했는데도 일본의 영향력은 점점 더 커졌어요. 1905년 일본은 강제로 을사조약을 맺고 우리나라 외교권을 빼앗았어요. 민영환은 고종에게 상소*를 올렸어요.

"을사조약은 강제로 맺은 불평등 조약입니다. 당장 무효를 선언하고, 나라를 팔아먹은 을사오적을 처단하십시오."

그러나 고종은 일본의 눈치를 보느라 민영환의 주장을 받아들이지 못했어요. 민영환은 두 번 더 상소를 올리고 아예 고종이 있는 덕수궁 앞에 엎드려 기다렸어요. 그러자 고종은 "여러 번 타일렀으니 이해해야 할 것인데 어찌 번거롭게 하는가? 당장 물러가라!"라며 화를 냈어요.

일본 경찰은 고종의 명을 어겼다면서 민영환을 감옥에 가두었어요. 몇 시간 뒤에 풀려나기는 했으나 그는 크게 실망했어요.

'대한 제국은 이제 일본 쪽으로 완전히 기울었구나. 황제는 일본이 두려워서 아무것도 못 하고 있어. 상소를 올려도 소용없고. 더는 나라를 지켜 낼 방법이 없다니……. 이제 남은 것은 내가 죽어서 백성들에게 독립의 중요성을 깨우치는 것뿐이다!'

민영환은 1905년 11월 30일, 스스로 목숨을 끊었어요. 민영환의 품 안에는 〈2천만 동포에게 보내는 글〉, 〈세계 각국 공사에게 보내는 글〉, 〈고종 황제에게 보내는 글〉 등 유서 3통이 남아 있었어요.

★ **상소** 나랏일에 대해 잘못된 점을 알리고자 임금에게 올리던 글

민영환의 업적 이야기

민영환은 뭘 했을까?

스물두 살의 민영환에게 성균관 대사성은 나이나 경험으로 볼 때 지나치게 높은 벼슬이었어요. 이렇게 젊은 나이에 높은 자리에 오를 수 있었던 것은 그가 민씨였기 때문이기도 해요. 민영환은 고종의 부인, 명성 황후의 조카였어요. 그때는 민씨 집안이 큰 권력을 휘두르고 있었지요. 그들에 대한 백성들의 불만이 컸어요.
그러던 민영환이 외국을 돌아본 후 생각을 바꾸었어요. 유럽의 정치 제도, 러시아의 군사 제도를 들여오려고 노력했어요. 백성의 권리를 높이고, 국가 발전을 위한 일들을 시작했지요.
하지만 민씨 집안과 기존의 높은 벼슬을 가진 사람들은 불만을 가졌어요. 가만있으면 평생을 편히 먹고살 수 있는데 왜 나라를 개혁하려 하느냐고요. 심지어는 민영환을 죽이겠다며 협박하는 사람도 있었대요. 하지만 백성들은 민영환을 지지했어요. 민영환은 자신의 높은 지위, 권력을 내려놓으면서 나라를 바꾸려고 노력한 인물이에요.

민씨 집안의 비난을 받은 민영환의 개혁

나 역시 힘 있는 집안이 권력을 휘두르는 걸 당연하게 생각한 적이 있었어. 하지만 다른 나라들을 돌아보며 잘못된 생각임을 깨달았지.

피 묻은 유서 3통

민영환은 목숨을 끊으면서 자신이 하고 싶었던 이야기를 3통의 유서로 남겼어요. 그가 남긴 유서에는 나라에 대한 사랑과 독립을 바라는 마음이 가득 담겨 있어요.

나라와 민족의 치욕이 이 지경에까지 이르렀구나. 앞으로 우리 민족은 어찌 될 것인가. 살기를 원하는 사람은 반드시 죽고, 죽기를 기약하는 사람은 살아 나갈 수 있다. 나는 죽어서 황제의 은혜를 갚고, 2천만 동포 형제들에게 감사하려고 한다. 나는 죽지만 혼은 죽지 아니하여 구천에서 여러분을 돕겠다. 우리 동포 형제여, 마음을 굳게 먹고, 학문에 힘쓰며, 마음을 합하여 우리의 자유 독립을 회복하자. 그러면 나는 지하에서 환하게 웃을 것이다.

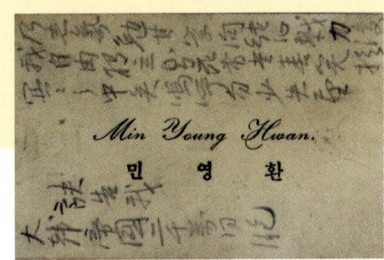

민영환이 쓴 유서

백성들을 일으켜 세운 민영환의 죽음

민영환의 죽음은 백성들에게 큰 충격이었어요. 바람 앞에 선 등불 같은 대한 제국에서 가장 믿을 만한 관리가 세상을 떠났으니까요. 민영환이 목숨을 끊자, 백성들은 뜨겁게 일어났어요. 일본의 침략에 더 강하게 투쟁하자는 바람이 일었어요.

전국에서 앞다투어 상소를 올렸고, 지방 학자들은 서울에 모여 반대 시위를 했어요. 상인들은 가게 문을 닫고, 학생들은 학교에 가지 않는 것으로 을사조약을 반대했어요. 신문에서는 "민영환은 죽었으나 우리 조선은 죽지 않았다. 우리 조선이 죽지 않는 한 민영환도 죽지 않는다."라는 기사로 민영환의 뜻을 이어 갔어요. 그의 장례식에서는 일반 백성은 물론 군인, 상인, 승려, 부녀자 등 수만 명이 모여 "을사조약 무효!"를 외쳤어요.

민영환의 죽음은 백성들에게 '죽음을 두려워하지 않고 조국과 민족의 독립을 지켜야 한다.'라는 큰 깨달음을 주었어요.

민영환과 함께 보기

나라를 팔아먹은 다섯 도둑 '을사오적'

일본은 우리나라를 차지하기 위해 1905년 외교권을 빼앗는 '을사조약'을 맺었어요. 조약은 나라와 나라가 서로 동의해서 맺는데, 을사조약은 일본이 억지로 강요한 것이어서 '을사늑약'이라고도 해요. 일본의 이토 히로부미는 총칼을 든 군인들을 데리고 고종과 신하들이 회의하는 자리에 쳐들어왔어요. 그리고 을사조약에 사인을 하라고 강요했어요. 고종은 조약에 반대했지만 강하게 맞서지 못했어요. 고종은 이 일을 신하들에게 떠넘겨 버렸어요. 회의장에 있었던 이완용, 이지용, 박제순, 이근택, 권중현 다섯 명의 신하들은 을사조약에 찬성하는 서명을 했어요.

이 다섯 명을 '나라의 외교권을 팔아먹은 다섯 명의 도둑'이라는 뜻에서 '을사오적'이라고 불러요. 을사조약에 사인한 다섯 명은 일본으로부터 엄청난 돈과 귀족 지위까지 받으며 부와 권력을 누렸어요. 을사조약 이후 대한 제국은 정치, 외교에서 일일이 간섭을 받으며 사실상 일본의 식민지가 되었어요.

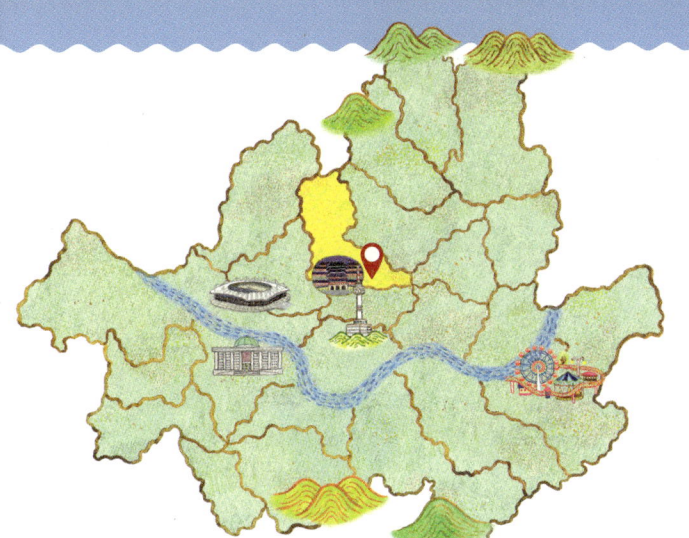

역사 **체험 학습**

민영환의 발자취

민영환 자결터

📍 서울특별시 종로구 공평동

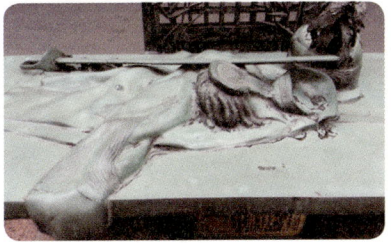

1905년 11월 30일 새벽 6시 민영환이 목숨을 끊은 장소예요. 그가 죽은 후 피 묻은 옷과 칼을 방에 걸어 두었는데, 다음 해에 보니 바닥과 옷을 뚫고 대나무 네 줄기가 솟아나 있었대요. 사람들은 민영환의 충성스러운 마음이 대나무로 되살아난 것이라며 이 나무를 혈죽(血 피 혈 竹 대나무 죽), 절죽(節 절개 절 竹 대나무 죽)이라고 불렀어요.

민영환 집터

📍 서울특별시 종로구 견지동

민영환이 일본의 을사조약 체결에 반대하면서 세상을 떠나기 전까지 살던 곳이에요. 지금은 작은 비석만 남아 나라를 사랑하는 민영환의 마음을 지켜 주고 있어요.
민영환 자결터, 집터 그리고 동상까지 조계사 근처에 있어요. 그 근처에 가면 꼭 한번 둘러보길 바라요.

서·울·위·인 | 08

땅을 팔아 무관 학교를 세운 6형제

이시영

근현대 | 1869 ~ 1953 | 독립운동가

이시영과 서울특별시

이시영은 서울시 중구 저동에서 태어났어요. 지금의 인제 대학교 서울 백 병원, 영락 교회가 있는 곳이에요. 이시영이 살던 집은 명동 성당과 YWCA 건물 부근이에요. 강북구 수유동에는 그의 묘가 있어요.

> 나는 형제들과 함께 집안의 재산이었던 명동 땅을 팔아 만주에 신흥 무관 학교를 세웠어. 엄청난 재산과 높은 벼슬을 포기하고 독립운동에 뛰어든 거야. 신흥 무관 학교에서는 3천 5백여 명의 용감한 독립군을 키워 냈단다.

인물 소개

이시영은 대대로 벼슬을 한 양반집에서 태어나 어릴 적부터 살림이 넉넉했어요. 1910년 일본에 나라를 빼앗기자 전 재산을 바쳐 1911년 신흥 무관 학교를 세우고 독립군을 키웠어요. 1919년 대한민국 임시 정부에서 법무 총장, 재무 총장으로 일했어요. 1948년 해방된 조국에서 대한민국 첫 부통령에 올랐어요.

이시영의 이모저모

시대
조선 … 대한 제국 … 일제 강점기 … 대한민국

생년월일
1869년 12월 3일에 태어났어요.

직업
독립운동가, 정치가

호
성재

특징
독립운동을 위해 전 재산을 내놓았어요.

우리가 알아야 할 **이시영** 이야기

전 재산을 독립운동을 위해 쓴 6형제

1910년 초가을 늦은 밤, 이시영과 형제들은 넷째 이회영의 방에 모였어요. 이회영은 굳은 결심을 담아 말했어요.

"일본은 강제로 우리나라의 권리를 빼앗았습니다. 우리 집안은 여러 대에 걸쳐 중요한 벼슬을 하면서 나라와 운명을 같이해 왔습니다. 나라가 이런 수모를 당했는데 가만있는 것은 신하의 도리가 아닌 것 같습니다. 다 함께 만주로 가서 독립운동에 뛰어드는 것이 어떻겠습니까?"

"좋습니다. 일본의 노예가 되어 목숨을 이어 가느니 큰 뜻을 이루다 죽는 편이 낫습니다."

이시영을 비롯한 형제들은 함께하기로 뜻을 모았어요.

이시영 집안은 서울에서 손꼽히는 명문가였어요. 그뿐만 아니라 재산도 엄청나게 많았어요. 지금의 서울 명동 땅 대부분을 갖고 있었지요. 이시영 집안은 만주로 가기 위해 명동 땅을 팔았어요. 다른 지역에 있는 땅과 재산은 처리하지 못하고 그대로 버려둔 채 떠나야 했지요.

사실 이시영 집안은 높은 벼슬과 엄청난 재산이 있었기 때문에 나라가 망해도 얼마든지 편하게 살 수 있었어요. 하지만 모든 재산과 지위를 버리고 고통스러운 독립운동에 뛰어든 거예요. 6형제 모두 말이에요.

이시영과 형제들은 전 재산을 털어 만주에 신흥 무관 학교를 세웠어요. 군사를 훈련시켜 기회가 오면 일본과 전쟁을 벌일 계획이었지요. 일본에 빼앗긴 나라를 되찾는 것이 이 학교의 목표였어요.

큰돈을 마련해 오긴 했으나 학교 운영은 쉽지 않았어요. 신흥 무관 학교는 학비와 식비를 받지 않았거든요. 이시영은 멀리서 온 학생들을 자기 집에서 재워 주고, 먹여 주었어요. 그러다 보니 그 많던 돈은 8년 만에 바닥이 났어요. 학교에 모든 돈을 쏟아붓느라 이시영의 가족들은 밥을 굶기 일쑤였지요. 그 당시 가족들은 "일주일에 세 번 밥을 먹을 수 있으면 행복하다."라고 했대요.

어려움 속에서도 이시영은 신흥 무관 학교 교장을 맡으면서 독립군을 키웠어요. 이렇게 키워 낸 군사가 3천 5백여 명이나 되었어요. 신흥 무관 학교 출신 교사와 학생들은 용감한 군인이 되어 이후 독립운동에서 큰 역할을 했어요. 신흥 무관 학교가 점점 유명해지자 일본의 탄압이 거세졌어요. 결국 일본의 괴롭힘을 견디지 못하고 신흥 무관 학교는 1920년에 문을 닫고 말았어요.

훗날 해방이 되고 나서 이승만 대통령이 대한민국 정부의 부통령이 된 이시영에게 제안을 했어요. 만주로 떠나기 전에 가지고 있던 이시영 집안의 재산을 다시 찾아 주겠다고요. 그때 이시영은 "내 땅을 지키려고 독립운동한 것이 아닙니다. 그 돈은 나라를 되찾기 위해 썼으니 그걸로 충분합니다."라며 거절했대요.

 **이시영**의 업적 이야기

이시영은 뭘 했을까?

> 임시 정부의 든든한 기둥

1919년 3·1 운동이 일어나자 이시영은 중국 상해로 갔어요. 상해에 모인 이시영과 독립운동가들은 정부를 세우기로 결심해요. 대한 제국의 '대한'과 백성이 주인이라는 의미의 '민국'을 합쳐 '대한민국'이라고 나라 이름을 정했어요. 이시영은 법무 총장과 재무 총장을 맡으며 임시 정부를 이끌었어요. 이봉창, 윤봉길이 의거*를 일으켰을 때는 임시 정부 사람들의 피신처를 준비하여 안전하게 숨도록 했어요. 임시 정부가 굳건하게 독립운동을 펼칠 수 있었던 것은 이시영이 27년 동안 든든한 기둥 역할을 해 주었기 때문이에요.

★ **의거** 정의를 위해 의로운 일을 계획함

> 첫 번째 부통령에 당선

대한민국 정부가 세워진 후, 이시영은 대한민국 첫 번째 부통령이 되었어요. 하지만 일을 하면서 이승만 대통령과 뜻이 잘 맞지 않았어요. 이시영은 대한민국 임시 정부에서 활동했던 독립운동가들을 아우르자고 했으나, 이승만은 자신과 가까운 사람들과 일하기를 원했지요.

1950년 6·25 전쟁이 나자 서울에서 대전으로, 다시 부산으로 피란갔어요. 그러던 중 높은 지위의 장교들이 군인들에게 나눠 줄 옷과 식량을 빼돌린 사건이 일어났어요. 빼돌린 물건을 몰래 팔아 자기들끼리 돈을 나눠 가진 거예요. 이 때문에 전쟁을 하러 나갔던 9만 명의 젊은이가 굶거나 동상에 걸려 목숨을 잃었어요. 이시영은 이 사건을 어물쩍 덮으려는 이승만을 강하게 비판하면서 부통령을 그만두었어요. 그리고 1952년 이승만에 맞서 제2대 대통령에 나섰으나 선거에서 졌어요.

이시영과 함께 보기

이시영의 6형제 이야기

이시영에게는 형 건영, 석영, 철영, 회영과 동생 호영이 있었어요. 이시영의 형제들은 전 재산을 팔아 독립운동을 하자는 이야기가 나왔을 때, 어느 한 사람도 반대하지 않았어요. 오히려 높은 벼슬, 많은 재산을 가진 사람으로서 나라가 망한 것에 책임을 져야 한다고 생각했지요.

독립운동의 길을 선택한 이시영과 형제들은 고생이 이만저만이 아니었어요. 그들을 쫓는 일본을 피해 다니며 끼니도 거르기 일쑤였지요. 혹독한 추위와 질병도 이겨 내야 했어요. 하지만 죽을 때까지 독립운동을 멈추지 않았답니다.

독립운동을 위해 만주로 가자고 처음 제안한 사람은 6형제의 넷째 이회영(1867~1932)이에요. 이회영은 무척 앞선 생각을 지닌 사람이었어요. 노비에게도 존댓말을 썼고, 아버지가 돌아가시자 이들을 전부 풀어 주었어요.

이회영은 66세의 나이에 일본군 사령관을 직접 죽이겠다면서 길을 떠나요. 주변 사람들이 나이가 너무 많아 힘들 것이라며 말리자 이렇게 대답했어요.

"늙은 사람이 초라한 차림새로 다니면 일본군은 오히려 아무런 의심을 하지 않을 것입니다. 내가 먼저 가서 준비해 놓을 테니, 연락하거든 뒤따라오시오."

하지만 정보가 새어 나가 이회영은 일본군에게 잡히고 말았어요. 이회영은 모진 고문을 받다가 잡힌 지 5일 만에 뤼순 감옥에서 세상을 떠났어요.

> **TIP 우당 기념관**
>
> 📍 서울특별시 종로구 신교동   ☎ 02)734-8851
>
> 이회영을 기념하기 위해 세운 박물관이에요. 이회영의 호를 따 우당 기념관이라 이름 붙였지요. 이곳에 가면 이회영뿐 아니라 이시영과 형제들의 애국적인 삶을 되짚어 볼 수 있어요.

이회영

역사 **체험 학습**

이시영의 발자취

서울 이시영 묘소

📍 서울특별시 강북구 수유동

◆ 서울특별시 등록문화재 제516호

신흥 무관 학교를 세우고, 대한민국 임시 정부를 지킨 이시영이 묻힌 곳이에요. 이시영의 묘 근처에는 네덜란드 헤이그에서 을사조약 무효를 외치다 세상을 떠난 이준, 3·1 운동을 이끈 손병희 등 독립운동가의 묘가 함께 있어요.

이시영 동상

📍 서울특별시 중구 회현동

남산 공원을 올라가다 보면 산 중턱에 백범 광장이 있어요. 그곳에 가면 김유신 장군 동상, 백범 김구 동상과 함께 이시영 선생 동상을 볼 수 있어요.

이시영 6형제 집터

📍 서울특별시 중구 명동1가

중국 만주로 떠나기 전 이시영이 살던 집터에는 현재 작은 비석이 서 있어요. 그 옆에는 이시영의 형, 이회영의 흉상이 있고요. 돈과 명예를 버리고 독립운동에 뛰어든 6형제의 희생적 삶을 기리고 있어요.

근현대사 기념관

📍 서울특별시 강북구 수유동
☎ 02)903-7580

우리나라의 근대, 현대 역사를 한눈에 볼 수 있는 박물관이에요. 이곳을 둘러보고 나면 우리가 지금 누리는 자유, 평등, 민주가 저절로 생긴 것이 아니라, 수많은 독립운동가들의 피와 땀이 만든 결과라는 것을 알 수 있어요. 독립운동과 국가 발전에 평생을 바친 이시영의 발자취도 느낄 수 있답니다.

서·울·위·인 | 09

조국의 **독립**과 **통일**에 일생을 바친 **지도자**

김구

근현대 | 1876 ~ 1949 | 독립운동가

김구와 서울특별시

김구는 1945년부터 1949년까지 서울시 종로구에 있는 경교장에서 머물렀어요. 그리고 용산구에 있는 효창 공원에 자주 갔어요. 그는 이곳에 나라를 위해 목숨을 바친 독립운동가들의 묘를 만들었지요. 성동구와 마포구에는 교육 기관인 백범 학원과 창암 학원을 세웠어요.

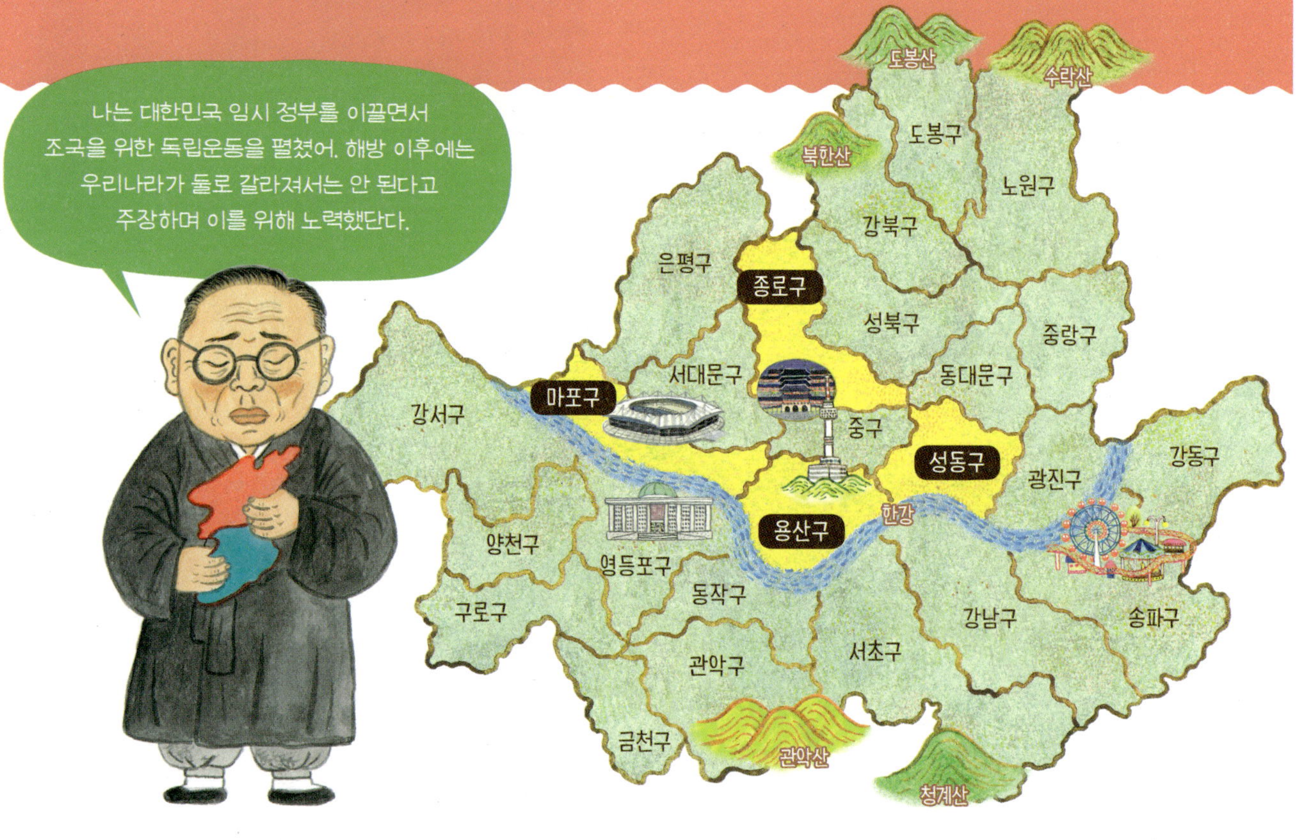

나는 대한민국 임시 정부를 이끌면서 조국을 위한 독립운동을 펼쳤어. 해방 이후에는 우리나라가 둘로 갈라져서는 안 된다고 주장하며 이를 위해 노력했단다.

인물 소개

1912년 이름을 김창수에서 김구로 바꾸었어요. 1926년 대한민국 임시 정부 국무령*이 되었고, 한인 애국단을 만들었어요. 1928년 《백범일지》를 쓰기 시작하여 1947년 책을 내었어요. 1945년 해방 후, 남쪽과 북쪽이 하나의 정부를 세워야 한다고 주장했어요. 1949년 안두희의 총에 맞아 경교장에서 죽음을 맞이했어요.

김구의 이모저모

시대 조선 ⋯▶ 대한 제국 ⋯▶ 일제 강점기 ⋯▶ 대한민국

생년월일 1876년 8월 29일에 태어났어요.

호 백범

관심 독립, 통일

직업 독립운동가, 정치가

★ **국무령** 지금의 대통령에 해당하는 임시 정부의 우두머리

우리가 알아야 할 **김구** 이야기

큰돈을 줄 테니, 김구를 잡아 와라!

"대한민국 임시 정부에서 일하고 싶습니다. 문지기라도 좋습니다. 조국의 독립을 위해서라면 아무리 하찮은 일이라도 기쁘게 하겠습니다."

김구는 상해 대한민국 임시 정부에 찾아가서 부탁했어요. 대한민국 임시 정부에서는 김구의 특기를 살려 경무국장(지금의 경찰청장)을 맡겼어요. 김구는 독립운동을 하면서 오랫동안 감옥 생활을 했기 때문에 일본 경찰에 대해 누구보다 잘 알았거든요. 김구는 경무국장을 맡아 일본이 보낸 간첩을 찾아내거나, 독립운동가 중에 정보를 넘긴 배신자가 있는지 살피는 일을 했어요.

그때 대한민국 임시 정부는 가진 돈이 없었어요. 일본이 대한민국 임시 정부로 들어오던 돈줄을 모조리 막았기 때문이에요. 김구와 임시 정부 사람들은 시장에서 중국 상인들이 버린 자투리 채소를 모아다가 끓인 죽을 먹으며 생활했어요.

"이대로 가면 대한민국 임시 정부는 버틸 수 없어. 그러면 조국을 위한 독립운동도 맥이 끊기는 거야. 이래서는 안 되겠다. 어떻게 해서든 돈을 마련해서 임시 정부를 살려야 해!"

김구는 대한민국 임시 정부 국무령이 되었어요. 끝까지 대한민국 임시 정부를 지키겠다는 결심으로 맡은 자리였어요. 김구는 외국에 있는 동포들에게 편지를 썼어요.

"어려움에 빠진 대한민국 임시 정부를 도와주십시오. 지금 임시 정부가 몹시 힘듭니다. 형편에 맞게 조금씩이라도 돈을 보내 주신다면 소중하게 사용하겠습니다."

김구의 간절한 마음이 통한 것일까요? 곳곳에 사는 동포들이 돈을 보내 왔어요. '임시 정부는 꼭 지속되어 조국의 독립을 이뤄야 한다!'라고 격려하면서 말이에요.

이렇게 모인 돈으로 김구는 엄청난 일을 준비해요. 한인 애국단이라는 단체를 만들어 일본을 공격하기 시작한 거예요. 1932년 한인 애국단의 이봉창은 일본 왕 히로히토를 향해 폭탄을 던졌어요. 비록 폭탄은 빗나갔지만, 일본은 이 일로 엄청난 충격을 받았어요. 조선의 이름 모를 청년이 일본의 상징이라고 할 수 있는 왕을 직접 공격했으니까요.

김구는 세계 언론사를 통해 "이 일을 계획한 건 바로 나다. 더는 일본이 조선을 통치하는 것을 바라지 않는다."라고 알렸어요. 분노한 일본은 "김구를 잡아 오는 자에게 60만 원을 주겠다."며 돈을 걸었어요. 60만 원은 지금 돈으로 200억 원이 넘는 엄청난 금액이에요.

일본에 끊임없이 쫓기는 상황에서도 김구의 독립 의지는 조금도 꺾이지 않았어요. 그리고 또 하나의 작전을 세우지요. 일본에 맞서 싸울 군대를 만들겠다는 계획이었어요. 김구는 1940년 중국에서 일본에 맞서 활동하는 광복군을 만들어요. 그즈음 일본은 우리나라에 이어 중국, 필리핀, 미국까지 공격하며 세력을 뻗어 나가고 있었어요. 세계는 미국·영국·프랑스·소련(지금의 러시아)·중국을 합친 연합군과, 독일·이탈리아·일본이 모인 군대가 제2차 세계 대전을 벌이는 중이었고요. 여러 나라가 전쟁으로 복잡하게 얽힌 상황을 보면서 김구는 생각했어요.

'광복군이 연합국 군대에 참여하면 일본과 싸울 수 있고, 그것은 곧 우리의 힘으로 나라를 되찾는 것이다!'

광복군은 연합국의 일원으로 참여해서 중국, 인도, 미얀마 등에서 일본군과 맞서 싸웠어요. 한편으로는 비밀리에 우리나라에 들어가 일본군과 싸울 계획을 세웠지요.

하지만 1945년 8월 일본은 전쟁을 포기한다며 항복을 선언했어요. 미국이 일본 땅에 원자 폭탄을 떨어뜨리자 더 이상 견디지 못한 거예요. 전쟁이 끝남으로써 광복군은 한국에 들어가 일본과 싸우려던 계획을 실행할 수 없었어요.

"아, 꿈에도 그리던 독립이구나! 하지만 마냥 좋아할 수만은 없는 일이다. 일본이 전쟁에 져서 이루어진 독립이다. 이렇게 되면 독립을 도와준 나라의 입김이 세질 것이고, 우리나라는 제 목소리를 내기 어려울지도 모른다."

김구의 예상은 정확했어요. 독립이 되고 얼마 후 미국, 영국, 소련이 모여 '한국은 독립된 나라를 이끌어 갈 능력이 없으니 삼팔선을 기준으로 남쪽은 미국이, 북쪽은 소련이 대신 통치하겠다.'라고 결정한 거예요. 김구는 거세게 반대했지요.

"수십 년 동안 온갖 어려움을 참으며 독립운동한 것은 대한의 자주독립*을 위해서였다. 일본 대신 다른 나라의 지배를 받으려는 것이 아니다. 우리가 살 길은 완전한 자주독립을 위해 온 민족이 한마음 한뜻으로 모이는 것이다."

김구는 남쪽과 북쪽을 오가며 통일된 하나의 정부를 세우자고 설득했어요. 그래야 미국과 소련의 세력을 물리칠 수 있다고요. 그러나 김구의 노력에도 1948년 8월, 남쪽에는 미국을 등에 업은 대한민국 정부가 탄생했어요. 북쪽에는 소련의 힘을 빌린 조선 민주주의 인민 공화국이 세워졌고요.

1949년 김구는 통일이라는 소원을 이루지 못한 채 자신의 집에서 안타까운 죽음을 맞이했어요.

★ **자주독립** 국가의 문제를 자기 뜻대로 자유롭게 결정할 수 있는 권리를 가지는 것

김구의 업적 이야기

김구는 뭘 했을까?

한인 애국단

김구가 만든 비밀 독립운동 단체예요. 약 90명의 젊은 독립운동가들이 참여했어요. 한인 애국단은 일본의 주요 인물을 암살하고, 중요한 시설을 공격했어요. 이봉창과 윤봉길도 한인 애국단 소속이었어요. 중국은 윤봉길이 일본 왕의 생일 축하연에서 폭탄을 던진 사건을 두고 "중국 30만 대군이 못한 일을 조선의 청년이 해냈다."며 감동했어요. 이 사건은 중국 정부가 대한민국 임시 정부를 인정하고, 도와주는 계기가 되었지요.

김구가 만든 독립운동 단체

이제부터 대한민국 임시 정부를 돕겠습니다.

광복군

김구가 나라를 되찾기 위해 만든 정규군이에요. 정규군은 국가에서 조직해 훈련시킨 정식 군인을 뜻해요. 처음에는 30여 명 정도였으나 광복군의 소문을 들은 젊은이들이 스스로 찾아오면서 나중에는 700여 명으로 늘었어요. 광복군 중에는 일본군에 끌려갔다가 탈출해 겨우 살아 돌아온 후 광복군에 합류한 젊은이도 있었답니다.

독립운동의 역사 《백범일지》

평생을 위험 속에서 산 김구는 자신이 어느 날 갑자기 죽을 수도 있다고 생각했어요. 그래서 두 아들에게 자신이 걸어온 길을 글로 남기기로 결심해요. 이 글들을 묶은 책이 바로 《백범일지》예요.

상·하 두 권으로 펴낸 《백범일지》에는 한인 애국단 활동을 비롯한 해방 때까지 이어 온 독립운동, 해방 이후 임시 정부가 대한민국으로 돌아오는 과정 등이 자세하게 적혀 있어요. 이 책은 대한민국 임시 정부의 활동과 독립운동의 역사를 알 수 있는 귀중한 자료예요.

《백범일지》(보물 제1245호)

통일 정부를 원하던 김구의 죽음

김구는 1949년 6월 안두희라는 군인에게 죽임을 당해요. 사실 안두희 뒤에는 김구를 눈엣가시처럼 여기는 사람들이 있었어요. 김구는 남북이 하나 된 정부를 세우자고 주장했어요. 단, 민족의 통합을 주장하던 김구도 '일제 강점기에 일본에 힘을 보탠 친일파들은 제외'라며 반드시 그들을 처벌해야 한다고 했지요. 남한만의 정부를 세우고 싶은 사람들과 친일파에게는 김구가 불편한 존재였던 거예요.

안두희는 그 자리에서 체포되었으나 어찌 된 일인지 곧 풀려났어요. 안두희는 죽을 때까지 김구에게 총을 쏘도록 시킨 사람들이 누구인지 말하지 않았어요.

91

김구와 함께 보기

일본 왕을 향해 폭탄을 던진 청년

▲ 선서하는 이봉창

이봉창 (1900~1932) 독립운동가

1932년 1월, 한 청년이 일본 도쿄에서 일본 왕에게 폭탄을 던졌어요. 그 청년은 독립운동을 하던 조선인으로, 이름은 이봉창이었지요.

이봉창은 집안이 가난해서 학교를 제대로 다니지 못했어요. 어린 나이부터 과자 가게, 용산역 등에서 일했어요. 이때 조선인이라는 이유로 많은 차별을 받았어요. 이봉창은 일본으로 건너갔어요. 일본어를 익히고 상점, 철공소에서 일하기도 하고 잡일도 했지만, 여전히 차별과 무시를 겪어야 했어요. 그는 그 이유가 '우리가 일본에게 나라를 빼앗긴 탓'이라는 것을 깨달았어요.

이봉창은 독립운동에 뛰어들기로 결심하고 김구를 찾아갔어요. 김구는 이봉창이 누구보다 뜨거운 애국심과 독립 의지를 가지고 있다는 것을 알아보았어요. 그리고 일본 왕을 암살하는 일을 맡겼지요. 이봉창은 기꺼이 자신이 하겠다며 나섰고요. 일본으로 떠나기 전날 김구가 이봉창과의 헤어짐을 슬퍼하자 이봉창은 이렇게 말했어요.

"제 나이 서른한 살입니다. 앞으로 서른한 해를 더 산다 해도 이것보다 더 재미있는 일은 없을 것입니다. 저는 영원한 즐거움을 얻기 위해 제 목숨을 바치겠습니다."

이봉창은 활짝 웃으며 '조국의 독립과 자유를 위해 적국의 원수를 죽이겠다.'는 선서문에 서명을 했어요. 그리고 도쿄 한복판에서 일본 왕을 향해 폭탄을 던졌어요. 비록 폭탄을 왕에 맞히지는 못했지만 주변에 있던 신하들이 다치고 마차가 부서졌지

▲ 체포된 이봉창

요. 이봉창은 그 자리에서 태극기를 꺼내 "대한 독립 만세!"를 외친 뒤 일본 경찰에 끌려갔어요. 이후 사형 선고를 받고 같은 해 10월 세상을 떠났어요.

TIP 이봉창 의사 동상

📍 서울특별시 용산구 효창동

일본 왕을 향해 폭탄을 던지고 서른한 살에 세상을 떠난 이봉창을 기념하는 동상이에요. 효창 공원 안에 있어요.

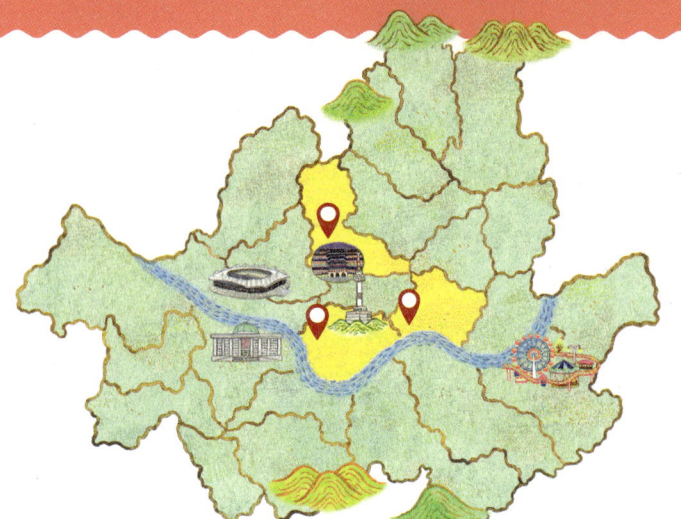

김구의 발자취

서울 경교장

📍 서울특별시 종로구 평동 ◆ 사적 제465호

김구가 세상을 떠날 때까지 머물렀던 집이에요. 원래 이름은 '죽첨장'이었는데 김구는 이 이름이 일본식이라며 마음에 들어 하지 않았어요. 그래서 근처 개울에 놓인 다리 이름을 따서 경교장이라고 바꿨지요. 지금은 강북 삼성 병원의 일부로 쓰이면서 김구가 머물던 방만 옛날 모습 그대로 꾸며 놓았어요.

백범 학원 설립 기념비

📍 서울특별시 성동구 금호동

김구가 1949년에 세운 아동 교육 기관 백범 학원이 있던 자리예요. 이곳에는 일본이 일으킨 전쟁 때문에 일본이나 만주로 끌려갔다가 돌아온 전재민들이 모여 살았어요. 전재민은 '전쟁으로 재난을 입은 사람들'이라는 뜻이에요. 김구는 전재민을 돕는 일에 관심이 많았어요. 백범 학원은 김구가 전재민의 자녀들을 위해 세운 학교예요. 김구는 백범 학원을 세우는 데 어머니 장례식과 아들의 결혼식 때 들어온 돈을 썼다고 해요.

서울 효창 공원

📍 서울특별시 용산구 효창동   ♦ 사적 제330호

조선 시대 정조는 큰아들 문효 세자가 다섯 살에 죽자 이곳에 묻고 효창원이라고 불렀어요. 하지만 일제 강점기에 일본이 문효 세자의 묘를 다른 곳으로 옮기면서 효창원은 효창 공원이 되었지요.

백범 김구 기념관

김구의 업적을 기리기 위해 세운 기념관이에요. 입구에 들어서면 한복을 입고 의자에 앉은 김구를 만날 수 있어요. 김구가 중심이 되었던 대한민국 임시 정부, 한인 애국단, 광복군의 활동과 김구가 광복 이후 분단을 막기 위해 애썼던 기록을 살펴볼 수 있어요. 전시관 곳곳에 실물 크기로 당시를 재현하여 생생함이 더하답니다.

백범 김구 묘역

김구는 평소 죽으면 효창 공원에 애국지사*들과 함께 묻어 달라고 말했대요. 그 뜻에 따라 독립을 위해 목숨 바친 동지들의 곁에 묻혔어요.

★ **애국지사** 나라를 위해 자신의 몸과 마음을 다 바치는 사람

서·울·위·인 | 10

불교 사상을 바탕으로 독립운동을 펼친 승려

백초월

근현대 | 1878 ~ 1944 | 승려, 독립운동가

백초월과 서울특별시

백초월은 서울시 은평구에 있는 진관사에 머물며 독립운동을 했어요. 진관사는 북한산에 둘러싸여 있어서 숨어 있기 좋았지요. 백초월은 독립운동가들과 연락을 주고받기 위해 마포 포교당(지금의 극락암)에도 자주 갔어요. 마포 포교당은 진관사에서 세우고 관리했기 때문에 '진관사 포교당'이라고 불렀어요.

나는 불교계의 독립운동을 이끈 승려야. 사람들을 찾아다니며 돈을 모아 대한민국 임시 정부에 보냈어. 나는 불교 사상에 있는 일심(一한일 心마음심), 즉 하나 된 마음이면 독립을 이룰 수 있다고 믿으며 일본에 맞서 싸웠단다.

인물 소개

1891년 지리산 영원사로 들어가 승려가 되었어요. 1919년 서울로 올라와 본격적인 항일* 운동을 펼쳤어요. 1921년 진관사에 머물며 승려들에게 불교 교리를 가르치면서 독립운동에 쓸 돈을 마련했어요. 1939년 만주로 가는 열차에 '대한 독립 만세'를 써 놓는 일을 앞장서서 이끌었다가 일본 경찰에 붙잡혔어요.

백초월의 이모저모

시대
조선 ⋯ 대한 제국 ⋯ 일제 강점기

생년월일
1878년 2월 17일에 태어났어요.

태어난 곳
경상남도 고성에서 태어났어요.

직업
불교 학자, 독립운동가

주요 활동
독립운동 자금* 모금

★ **항일** 조선 말~일제 강점기 동안, 일본의 침략에 맞서 싸운 것을 말함
★ **자금** 특정한 목적을 위해 쓰는 돈

우리가 알아야 할 **백초월** 이야기

독립운동을 이끈 큰스님

백초월은 1891년 지리산 영원사로 들어가 승려가 되었어요.

"내 나이 열네 살, 세상의 이치를 깨닫는 공부를 해 보자!"

열심히 불교 공부를 하고, 마음을 갈고닦은 백초월은 큰스님의 위치에 올랐어요.

"저희 절에 오셔서 가르침을 주십시오."

1919년 3·1 운동이 일어나자 백초월은 모든 일을 내려놓고 서울로 왔어요.

"기독교, 천도교가 3·1운동을 이끌고 있는데 우리 불교계는 너무 무관심해. 불교계가 참여하도록 내가 앞장서야지!"

그는 불교계를 대표하는 독립운동 단체가 필요하다고 생각했어요.

"지금부터 한국 민단 본부★를 중심으로 힘을 모읍시다."

백초월은 전국의 절을 다니며 모금을 하여 돈을 대한민국 임시 정부에 보냈지요.

"이번에는 2천 원이나 모았군! 임시 정부에서 요긴하게 쓸 거야."

백초월은 〈혁신공보〉라는 비밀 소식지도 만들었어요.

"신문이 있으면 더 많은 사람들이 독립운동에 관심을 가질 거야."

★ **한국 민단 본부** 지금의 동국 대학교에 세운 불교계의 독립운동 단체

백초월의 업적 이야기

백초월은 뭘 했을까?

임시 정부와 불교계를 잇는 끈

백초월은 상해에 있는 대한민국 임시 정부와 가까운 관계를 맺고 있었어요. 중앙 학림(지금의 동국 대학교)의 비밀 독립운동 단체 '한국 민단 본부' 단장을 맡아 전국의 절에 단원인 승려들을 보내 모금 활동을 했어요. 이렇게 불교계에서 모은 돈을 대한민국 임시 정부에 보냈지요. 그뿐만 아니라 만주 독립군과 상해 대한민국 임시 정부에 불교계 청년들을 보내 독립운동을 도왔어요. 여기에서 한 발 더 나아가 불교 신자와 승려들로 이루어진 군대를 준비하기도 했어요.

2차 독립 선언서 민족 대표

1919년 3·1 운동의 열기를 이어 가기 위해 서울에는 대동단이라는 독립운동 단체가 생겼어요. 대동단은 고종의 다섯째 아들 의친왕을 중국으로 빼돌려 외교 활동을 펼칠 계획을 세워요. 당시 왕족들은 일본의 허락 없이는 아무 데도 갈 수 없었거든요. 그리고 3월 1일에 한 독립 선언에 이은 2차 독립 선언서를 발표해요. 이 선언서에는 의친왕과 민족 대표 33인이 이름을 올렸어요. 그중 불교계 대표가 백초월이었고요.

참, 의친왕은 어찌 되었냐고요? 변장하고 중국 단둥까지 갔으나 그곳에서 일본 경찰에 잡혀서 상해 임시 정부로 가는 데 실패했어요.

90년 만에 발견된 태극기

2009년 진관사에 공사가 한창이었어요. 낡은 칠성각 건물을 수리하기 위해 뜯은 벽에서 보따리 하나가 나왔어요. 자세히 보니 보자기는 태극기였고, 그 안에는 1919년 독립운동가들이 만든 신문이 들어 있었어요. 신문에는 '태극기'에 관한 내용이 실려 있었어요. 태극기를 제목으로 한 시, 태극기 만드는 법, 태극기 그림이 있는 신문들이었지요.

사람들은 이 보따리를 벽 안에 숨긴 게 백초월일 것이라고 생각해요. 백초월이 진관사를 중심으로 독립운동을 했으니까요. 혹은 백초월이 일본 경찰에 잡혔을 때 그가 가지고 있던 자료를 진관사 승려가 급히 숨겼을 수도 있어요.

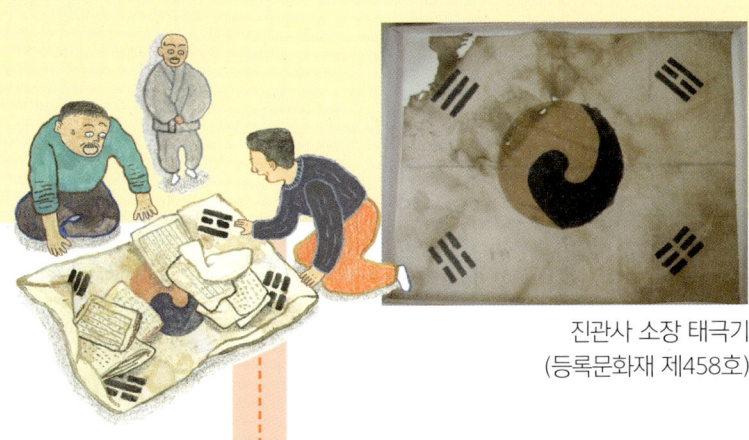

진관사 소장 태극기
(등록문화재 제458호)

백초월의 용감한 낙서

1937년 일본은 중국과 전쟁을 시작했어요. 그리고 그 전쟁을 위해 우리나라 사람들을 강제로 끌고 갔지요. 일본군에 끌려가는 청년들은 용산역에서 기차를 타고 만주 전쟁터까지 갔어요. 백초월은 열차 곳곳에 '대한 독립 만세'라는 글씨를 써 놓았어요. 일본군에 끌려가지만 우리 민족의 독립을 잊지 말라는 표시였어요. 이 일로 백초월은 일본 경찰에 붙잡혔어요. 몇 년 뒤 풀려났으나 독립운동에 쓸 돈을 보내다가 들켜 다시 체포되었어요. 백초월은 고문으로 병을 얻어 1944년, 차디찬 감옥에서 세상을 떠났어요.

백초월과 함께 보기

불교계의 또 다른 독립운동가

우리 불교를 지킵시다!

한용운 (1879~1944) 독립운동가·시인

일본은 우리나라를 강제로 빼앗은 뒤 종교까지 없애려고 했어. 일본식 불교를 믿게 만들어 우리의 정신마저 빼앗을 속셈이었던 거야. 절대 가만있을 수 없지! 난 이에 반대하여 불교 운동을 시작했어.

《조선불교유신론》,《불교대전》같은 책도 썼어. 우리 불교를 되살리면서 국민을 깨우쳐 주려고 한 거야.

1919년에는 3·1 운동을 이끌었어. 민족 대표 33인 중 불교계 대표로 서명했지. 또 독립 선언서에 덧붙이는 '공약 삼장'을 써서 독립 의지를 더 강하게 표현했어. 3·1 운동 때문에 일본 경찰에 잡혀가 온갖 고생을 하면서도 나는 끝까지 일본에 머리 숙이지 않았어.

내 삶의 마지막을 보낸 집을 지을 때의 일이야. 나는 북쪽을 향해 집을 짓기로 했어. 우리나라에서는 집을 대부분 남쪽을 보고 지어. 그래야 겨울에 따뜻하고, 여름에 시원하거든. 하지만 난 더 춥고, 더워도 상관없었어. 남쪽으로 집을 지으면 조선 총독부* 쪽을 보게 되는데 그건 절대 싫었거든. 결국 내 고집대로 북향으로 집을 지었어. 빛이 잘 들어오지 않은 작은 집이었지만, 나는 좋았지. 그리고 죽을 때까지 이곳에 머물렀단다.

한용운이 머문 '심우장'

★ **조선 총독부** 1910~1945년 일본이 우리나라를 지배하기 위해 설치했던 관청

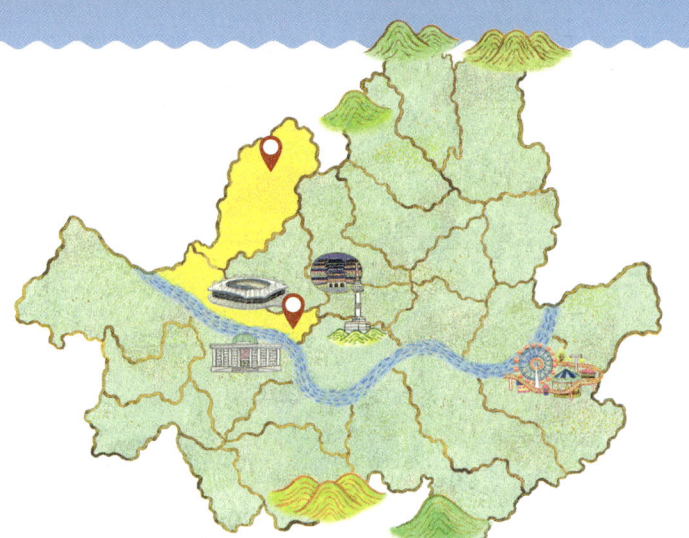

역사 **체험 학습**

백초월의 발자취

진관사

📍 서울특별시 은평구 진관동

북한산 서쪽 기슭에 있어요. 고려 때 처음 세웠고, 조선 시대에는 국가와 왕실의 평화를 비는 제사를 올리는 절이었대요. 지금 있는 절은 6·25 전쟁 때 불탔던 것을 1964년에 다시 지은 거예요.

진관사는 우리나라 독립운동의 역사에서 빠질 수 없는 절이에요. 백초월이 머물면서 독립운동을 펼친 무대였으니까요. 백초월은 국내와 임시 정부를 오가는 승려들을 진관사에서 만났고, 이곳에서 불교 독립운동을 지도했어요. 또 진관사를 중심으로 전국을 돌며 독립운동 자금을 모았어요.

진관사로 들어가는 입구를 '백초월길'이라고 해요. 독립운동가 백초월의 정신을 널리 알리고자 이름 붙였지요.

진관사 대웅전

극락암

📍 서울특별시 마포구 마포동

1916년에 진관사가 활동을 넓히기 위해 세운 절이에요. 진관사 마포 포교당이라고 부르다가, 지금은 극락암으로 이름을 바꾸었어요. 백초월은 진관사와 진관사 마포 포교당을 오가며 독립운동을 했어요.

103

서·울·위·인 | 11

민족의 미래를 준비한 겨레의 스승

안창호

근현대 | 1878 ~ 1938 | 독립운동가

안창호와 서울특별시

서울 강남구 도심 한복판에 있는 도산 공원에 가 본 적 있나요? 이 공원은 도산 안창호를 기리기 위해 1973년에 만들었어요. 서울 강남구 논현동과 청담동 사이의 큰길을 '도산대로'라고 해요. 안창호의 정신과 업적을 기억하자는 뜻에서 붙인 이름이에요.

> 나는 우리나라와 중국, 러시아, 미국을 돌아다니며 독립운동을 했어. 또 학교를 세우고, 여러 단체를 만들어 젊은 인재들을 키워 냈단다. 당장 일본에 맞서 싸우는 것도 중요하지만, 미래도 준비해야 한다고 생각했거든.

인물 소개

1897년 독립 협회에 가입했어요. 1902년 일본의 감시를 피해 미국으로 유학을 떠났어요. 1907년 비밀 독립운동 단체인 신민회와 1913년 민족의 힘을 키우기 위한 단체인 흥사단을 만들었어요. "나는 밥을 먹어도 대한의 독립을 위해, 잠을 자도 대한의 독립을 위해 해 왔다. 이것은 내 목숨이 없어질 때까지 변함없을 것이다."라는 말을 남겼어요.

안창호의 이모저모

시대: 조선 … 대한 제국 … 일제 강점기

생년월일: 1878년 11월 9일에 태어났어요.

호: 도산

특기: 연설로 감동시키기

직업: 독립운동가, 교육자

관심: 인재 키우기

 우리가 알아야 할 **안창호** 이야기

힘을 키워 나라를 되찾자!

★ **통감부** 1906~1910년 일제가 우리나라를 침략하기 위해 서울에 둔 관청

안창호의 업적 이야기

안창호는 뭘 했을까?

정신을 중요시한 흥사단

안창호가 1913년 미국 샌프란시스코에서 만든 독립운동 단체예요.
흥사단의 4대 정신은 다음과 같아요.

- 무실(모든 일에 진실한 것)
- 역행(실제 행동하도록 힘쓰는 것)
- 충의(사람을 대할 때 믿음으로 대하는 것)
- 용감(옳음을 보고 나아가는 것)

안창호는 민족의 먼 미래를 내다보았어요. 당장 총칼을 가지고 싸우는 것도 중요하지만, 끝까지 흔들리지 않고 싸울 '정신'을 키워야 한다고 믿었어요. 흥사단 단원들은 독립운동은 물론 국민 교육에도 앞장섰어요.

흥사단(첫 줄 가운데에 앉은 안창호)

외국에서 독립을 위해 힘씀

안창호가 처음 미국에 갔을 때 그곳에 먼저 와 살고 있던 한국 교민들은 무척 어려운 생활을 하고 있었어요. 안창호는 어려운 처지의 교민들을 돕는 일을 시작했어요. 한인 교회를 만들고, 야간 학교를 열어 영어를 가르쳤어요. 그리고 1910년에는 '대한인 국민회'를 만들어 교민들에게 직업을 소개해 주고, 억울한 일을 당했을 때 대신 나서서 해결해 주기도 했어요. 안창호의 대한인 국민회는 독립운동에 사용될 돈을 모아 임시 정부에 보내고, 독립군을 키우는 데도 힘썼어요.

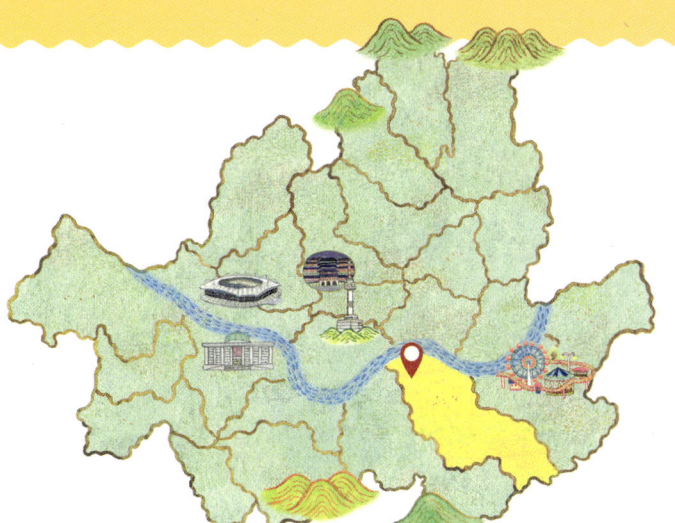

안창호의 발자취

도산 공원
📍 서울특별시 강남구 신사동

안창호의 뜻을 기리기 위해 지은 공원이에요. 공원 안에는 도산 안창호 기념관, 안창호 동상, 안창호가 한 말을 적어 놓은 비석이 있어요. 안창호와 그의 아내가 함께 묻힌 묘소도 있고요.

도산 안창호 기념관은 안창호 탄생 120주년을 기념하여 세웠어요. 독립운동과 교육에 일생을 바친 안창호의 삶을 돌아볼 수 있는 자료들을 전시하고 있어요. 또 안창호가 직접 쓴 글과 사용했던 물건을 볼 수 있어요. 매년 3월 10일 이곳에서 안창호를 위한 추모 행사가 열려요.

미국의 안창호 유적
📍 미국 캘리포니아주 로스앤젤레스

안창호 덕분에 미국에 건너간 교민들은 미국 땅에 뿌리를 내릴 수 있었어요. 백 년이 지난 지금까지도 미국 교민들은 안창호에게 감사하는 마음을 가지고 있답니다.

2001년 8월 11일, 우리나라 사람들이 많이 사는 로스앤젤레스의 리버사이드 시청 앞에 안창호 기념 동상이 세워졌어요. 그리고 이날을 '안창호의 날'로 정했지요. 또 우체국 중 한 곳을 '도산 안창호 우체국'이라고 이름 짓고 여전히 안창호를 기리고 있어요.

서·울·위·인 | 12

정직과 나눔으로 경영한 **참된 기업가**

유일한

근현대 | 1895 ~ 1971 | 기업가

유일한과 서울특별시

유일한이 한국으로 돌아와 처음 유한 양행을 세운 곳은 서울시 종로구였어요. 회사가 나날이 발전하면서 서울시 동작구 대방동으로 자리를 넓혀 옮겼지요. 유일한은 서울시 구로구 항동에 유한 공업 고등학교(유한 공고)를 세우고 나라에 필요한 기술자를 길러 냈어요.

나는 질병에 시달리던 우리 민족을 위해 유한 양행을 세웠어. 좋은 약을 판매하고, 정직하게 경영했더니 회사가 날로 커지더군. 덕분에 큰돈을 벌었지. 나는 세상을 떠나면서 이 돈을 가족들에게 남기지 않고 전부 사회를 위해 내놓았단다.

인물 소개

1904년 열 살의 어린 나이에 혼자 미국으로 유학을 갔어요. 1922년 식품 회사를 세워 본격적으로 사업을 시작했지요. 1926년 조국으로 돌아와 약을 만드는 회사 유한 양행을 세웠어요. 1964년에는 유한 공업 고등학교를 세우고 첫 입학생을 받았어요. 1971년 전 재산을 사회에 내놓고 세상을 떠났답니다.

유일한의 이모저모

시대: 조선 … 대한 제국 … 일제 강점기 … 대한민국

생년월일: 1895년 1월 15일에 태어났어요.

태어난 곳: 평양에서 태어났어요.

직업: 기업가, 교육자

특징: 재산을 사회에 내놓았어요.

우리가 알아야 할 **유일한** 이야기

민족을 위해 세운 회사, 유한 양행

 **어린이 역사 기자** 저는 지금 유한 공업 고등학교에 와 있습니다. 아주 유명한 분이 이 학교를 세웠다고 해서 만나 보려고 합니다. 박사님, 안녕하세요? 박사님은 열 살 때 혼자 미국으로 유학을 떠나셨다고 들었어요.

 **유일한** 아버지는 나라를 지키기 위해서는 제대로 교육받은 사람이 필요하다고 생각했어요. 그래서 나를 큰 나라에서 공부시켜 큰 인물로 만들겠다고 결심했지요.

 **어린이 역사 기자** 어린 나이에 미국에서 무척 고생을 했겠네요?

 **유일한** 내가 머문 곳은 네브래스카주의 커니라는 작은 마을이었어요. 이곳에서 미국인 아주머니 두 분과 함께 살았어요. 초등학교에 다니면서 물을 긷거나, 장작을 패고, 석탄을 옮기며 집안일을 도왔어요. 신문 배달을 해서 용돈도 벌었지요.

 **어린이 역사 기자** 대학교에 다닐 때는 돈을 잘 벌었다면서요?

 **유일한** 그 무렵 미국에는 중국인이 많았어요. 그들은 돈을 벌기 위해 이민을 왔지만 늘 고향을 그리워했지요. 나는 이 점에서 아이디어를 얻어 사업을 시작했어요. 중국에서 만든 손수건, 노리

개, 장식품을 구해서 팔았는데, 장사가 아주 잘되어서 학비 걱정 없이 학교에 다닐 수 있었답니다.

대학을 졸업한 후에는 숙주 장사를 했어요. 숙주는 녹두에 싹이 난 것으로 콩나물과 비슷하게 생긴 나물이에요. 중국 만두에 꼭 들어가는 재료인데 금방 상하는 것이 단점이지요. 미국인들은 숙주가 안전하지 않다고 생각해서 중국 만두 먹기를 꺼렸어요. 나는 숙주를 깨끗하게 씻은 뒤에 속이 보이는 유리병에 넣어 팔았어요. 나중에는 유리병보다 더 오래 보관할 수 있는 통조림 기술을 개발했지요. 싱싱한 숙주는 큰 인기를 끌었어요. 중국인은 물론 미국인들도 믿고 찾았거든요. 멀리 뉴욕까지 내가 만든 숙주 통조림이 팔려 나갔다니까요. 숙주 덕분에 꽤 많은 돈을 벌었어요.

어린이 역사 기자 미국에서 유명한 사업가가 되었네요? 그런데 왜 한국으로 돌아온 거예요?

유일한 장사가 너무 잘되어서 미국에 있던 녹두가 바닥이 났어요. 중국에 녹두를 구하러 갔다가 한국에 들렀어요. 조국을 떠난 지 21년 만이었지요. 그때 본 우리나라 사람들의 생활은 끔찍했어요. 일본의 온갖 괴롭힘을 당하고

있었어요. 쌀이 없어서 풀뿌리를 캐서 끓여 먹고, 나무껍질을 벗겨 먹으며 살고 있더군요. 많은 사람들이 더럽고 비좁은 곳에 살다 보니 늘 전염병이 돌았어요. 간단한 약으로 고칠 수 있는 병인데도 약을 구하지 못해서 목숨을 잃는 사람이 많았어요.

나는 미국에서 사업을 정리하고 한국으로 돌아왔어요. 우리나라에 필요한 약을 준비해서 의약품 사업을 시작했지요.

어린이 역사 기자 그때 한국에 세운 회사가 유한 양행인가요?

유일한 네, 맞아요. 미국에서 결핵이나 말라리아 같은 전염병을 치료하는 약, 기생충 없애는 구충제 등을 가져와 팔았어요. 지금은 금세 고칠 수 있는 병이지만, 그때는 죽음에까지 이를 수 있는 큰 병이었어요.

나는 가능한 한 싼값에 약을 팔았어요. 약의 효과를 과장하지도 않았어요. 그 무렵 약을 파는 회사들은 대부분 일본 사람들이 운영했어요. 이들은 무조건 팔고 보자는 식으로 약의 효과를 부풀리기 일쑤였어요. 한 알만 먹으면 병이 싹 낫는다거나, 모든 병을 고칠 수 있다고 거짓말을 했지요. 나는 약의 효과를 정확하게 알려주고, 약을 먹을 때는 반드시 의사나 약사하고 상의하라고 광고했어요. 그랬더니 사람들이 '유한 양행은 정직하고 믿을 수 있다.'며 우리 회사 약을 샀어요. 덕분에 사업이 잘되어서 회사가 날로 커졌답니다. 회사가 자리 잡은 후에는 우리 국민에게 맞는 약을 직접 개발하고, 생산하는 공장도 지었어요.

어린이 역사 기자 유한 양행은 '세금을 잘 내는 회사'로 유명했

다면서요? 세금을 많이 내는 게 아깝지는 않았나요?

유일한 아니요. 회사는 돈을 벌면 그 회사를 키워 준 사회에 돌려주어야 합니다. 그 첫 번째 방법이 세금이에요. 회사는 세금을 성실하게 내는 것이 의무입니다. 세금을 안 내면 국가가 잘 운영될 수 없어요. 국가가 어려우면 회사도 살아남을 수 없고요.
한번은 세금 때문에 재미있는 일이 있었어요. 1967년인가 갑자기 세무 조사반이 들이닥쳤어요. 속이거나 숨긴 세금이 없는지 찾으려고 조사를 나온 거예요. 하지만 꼬투리 잡을 게 아무것도 없자 세무 조사반은 당황했어요. 조사반 직원은 "그런 회사는 처음 봅니다. 억지로 잡아내려고 해도 안 낸 세금이 단 1원도 없습니다."라고 보고했어요. 그러자 국세청에서는 "정말입니까? 그렇다면 유한 양행은 정말 훌륭한 기업이군요." 하면서 훈장을 주었어요. 조사하러 나왔다가 오히려 훈장만 주고 돌아갔다니까요, 허허.

**어린이 역사 기자** 정말 대단하네요. 모든 회사가 박사님의 자세를 본받았으면 좋겠어요.

유일한의 업적 이야기

유일한은 뭘 했을까?

세상을 놀라게 한 유언장

유일한이 죽고 그의 유언장을 열어 본 사람들은 깜짝 놀랐어요. 엄청난 재산을 가족에게 거의 남기지 않고, 사회에 기부한 거예요. 손녀에게 학비 1만 달러를 물려줬는데, 이는 지금 돈으로 1천만 원 정도니 학비로도 부족한 돈이었어요. 그리고 딸에게 준 유한 공업 고등학교도 학생들이 잘 이용하도록 관리하라는 의미였지요.

유일한은 살아 있을 때도 어려운 사람들을 위해 꾸준히 기부를 했어요. 그러다가 세상을 떠나면서 평생에 걸쳐 모은 돈을 사회를 위해 아낌없이 내놓은 거예요. 그는 돈을 많이 가진 사람이 그 돈을 어떻게 써야 하는지를 우리 사회에 보여 준 참된 기업가였어요.

기술자를 키우는 유한 공고

유일한은 교육 사업을 펼치기로 결심해요. "나라가 힘을 키우려면 젊은 이들이 많이 배워야 한다. 그중에서도 젊은 기술자를 키워 내는 것이 중요하다."라고 생각했지요. 그는 유한 공업 고등학교를 세우고, 이 학교에 입학한 학생은 누구나 무료로 교육을 받게 했어요. 유일한은 거의 매일 학교에 나가 학생들과 함께했어요. 학생들을 보는 것이 그의 가장 큰 즐거움이었대요.

숨은 독립운동가

유일한은 미국에 있을 때 독립군을 키우기 위해 만든 '헤이스팅스 소년병 학교'에 들어가 훈련을 받았어요. 1919년 3·1 운동이 일어났을 때는 미국 필라델피아에서 열린 '한인 자유 대회'에 참가하여 우리나라가 독립을 해야 하는 이유를 발표하기도 했고요. 하지만 그의 독립운동 사실은 그가 세상을 떠난 뒤에 알려졌어요. 주변에서 이 이야기를 하려고 하면 "당연한 일인데, 그게 뭐 특별하다고 세상에 알려?" 하면서 독립운동 했던 사실을 말하지 않았대요.

TIP 유한 양행의 상징 버드나무

서재필(1864~1951)은 우리나라를 변화시키는 데 앞장섰던 독립운동가예요. 미국에서 의사가 된 뒤, 조국에 돌아와 백성들을 일깨우기 위해 쉬운 한글로 된 〈독립신문〉을 만들었어요. 서재필은 유일한에게 많은 영향을 주었어요. 유일한이 숙주나물 사업을 그만두고 한국에 돌아가겠다고 했을 때도 격려를 아끼지 않았어요.
"잘 생각했네! 우리나라에도 제대로 된 회사가 있어야 나라의 독립을 앞당길 수 있어. 자네가 조국에 가서 우리나라 경제를 크게 일으켜 주게."
그러면서 서재필은 유일한에게 작은 나무판을 선물했어요.
"내 딸이 그린 버드나무 판화라네. 자네 성이 유(柳 버드나무 유) 아닌가? 버드나무처럼 비바람에도 꺾이지 않는 강한 회사를 만들게."
한국에 돌아와 유한 양행을 세운 유일한은 서재필이 준 버드나무를 회사의 상징으로 삼았답니다.

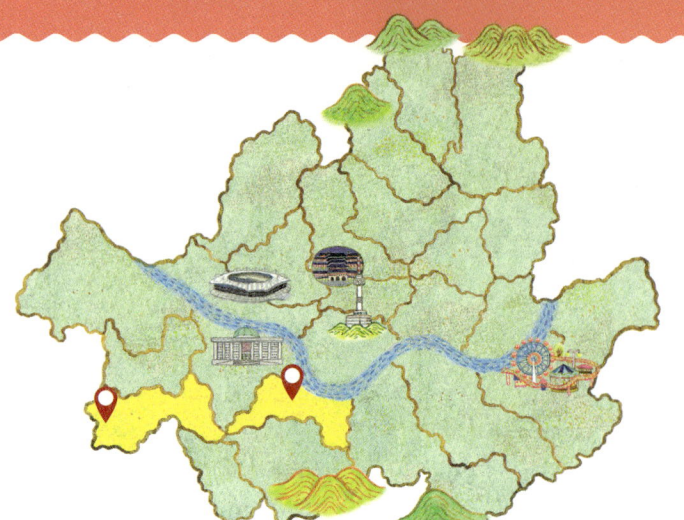

역사 **체험 학습**

유일한의 발자취

유한 공업 고등학교

📍 서울특별시 구로구 항동

국가 발전에 필요한 기술자를 길러 내기 위해 유일한이 만든 학교예요. 이곳에는 유일한의 동상이 서 있어요. 동상에는 유일한이 평소 했던 말이 쓰여 있어요.

> 눈으로 남을 볼 줄 아는 사람은 훌륭한 사람이다.
> 그러나 귀로 남의 이야기를 들을 줄 알고
> 머리로는 남의 행복에 대하여 생각할 줄 아는 사람은
> 더욱 훌륭한 사람이다.

유일한은 마지막까지 정성을 쏟았던 유한 공업 고등학교 안, 유한 동산에 묻혔어요. 그의 유서에는 "유한 동산에 울타리를 만들지 말고 학생들이 마음대로 드나들게 하여, 어린 학생들의 티 없이 맑은 정신에 깃든 젊은 의지를 지하에서나마 보고 느끼게 해 달라."라고 적혀 있었대요.
그의 곁에는 아버지의 뜻을 받들고 실천했던 딸 유재라가 함께 잠들어 있어요.

유한 공업 고등학교

유한 양행

📍 서울특별시 동작구 대방동

유한 양행은 유일한이 미국에서 돌아와 질병에 시달리는 동포들을 위해 세운 회사예요. 정직한 회사였기 때문에 사람들의 신뢰를 얻었고, 크게 성공했어요. 유한 양행은 현재 우리나라 제약 회사 중에서 1위인 큰 회사예요.

유일한 박사

유한 양행 공장

유일한 기념관

📍 경기도 부천시 괴안동

유한 대학교는 유일한이 사회에 내놓은 재산으로 만들어진 학교예요. 유한 대학교 도서관에는 유일한의 생애와 업적을 한눈에 볼 수 있는 유일한 기념관이 있어요. 유일한의 삶을 기업가, 사회사업가, 교육가, 독립운동가로 구분해 소개하고 있지요. 그가 살아 있을 때 쓰던 물건들도 전시되어 있어요.

유한 대학교

부천 중앙 공원 내 유일한 동상

서·울·위·인 | 13

어린이를 존중하고 아꼈던 아동 문학가

방정환

근현대 | 1899 ~ 1931 | 아동 문학가

방정환과 서울특별시

방정환은 서울시 종로구 당주동에서 태어나고 자랐어요. 서대문구에 있는 미동 초등학교를 졸업했고요. 종로구에 있는 천도교 수운 회관은 전국의 어린이들을 모아 놓고 처음으로 어린이날 기념행사를 했던 곳이에요. 서울시 광진구 능동에 있는 어린이 대공원에는 평생 어린이를 사랑한 방정환의 동상이 있어요.

나는 우리나라에서 처음으로 어린이 운동을 시작했어. '어린이'라는 말도 퍼뜨렸고, 《어린이》라는 잡지도 펴냈단다. 나는 우리나라의 미래가 어린이의 손에 달려 있다고 생각했어. 어린이날을 만든 것도 바로 나야!

인물 소개

1922년 어린이를 위한 동화집 《사랑의 선물》을 우리말로 옮겨 책을 내었어요. 1923년 아동 잡지 《어린이》와 아동 문학 단체 '색동회'를 만들었어요. "어린이는 어른보다 한 시대 더 새로운 사람입니다. 희망을 위하여, 내일을 위하여 다 같이 어린이를 잘 키웁시다."라는 말을 남겼답니다.

방정환의 이모저모

- **시대**: 대한 제국 … 일제 강점기
- **호**: 소파
- **직업**: 아동 문학가, 출판인, 독립운동가
- **생년월일**: 1899년 11월 9일에 태어났어요.
- **특기**: 실감 나게 동화 들려주기

 우리가 알아야 할 **방정환** 이야기

어린이는 우리나라의 미래!

"세상에, 이게 다 뭐야? 《안데르센 동화집》,《그림 동화집》,《아라비안나이트》, 유명한 동화들은 다 있네!"

일본 서점에 간 방정환은 깜짝 놀랐어요. 서양 동화책, 쉽게 풀어 쓴 일본 옛이야기 책들이 가득했거든요. 그때 우리나라 아이들은 가난과 굶주림에 시달렸어요. 100명 중 4~5명 정도만 학교에 다니고, 대부분 집안일을 돕거나 농사일을 했어요. 온종일 공장에서 일하는 아이도 많았고요.

"우리나라의 미래가 어린이에게 달려 있다. 어린이를 잘 자라게 하는 것이 독립운동이다. 나는 어린이를 위해 평생을 바치리라."

이렇게 결심한 방정환은 어린이 운동을 시작했어요. 우선 '어린이'라는 말을 쓰자는 운동을 벌였어요. 또 《어린이》라는 잡지도 만들었지요. 하지만 아무도 《어린이》를 사지 않았어요. 신문 광고까지 냈지만 사람들은 관심이 없었어요.

"당장 먹고살기도 힘든 세상에 동화 잡지를 사라고? 그럴 돈이 어디 있어?"

하지만 이런 차가운 반응에도 방정환은 실망하지 않았어요. 《어린이》를 들고 거리로 나가 아이들에게 직접 동화를 들려주었지요. 방정환은 타고난 이야기꾼이었어요. 그가 들려주는 이야기를 한번 들은 사람은 자리를 뜰 줄 몰랐어요. 《어린이》는 곧 입소문이 났어요. 점점 판매가 늘더니 나중에는 매달 10만 부가 넘게 팔렸어요.

방정환은 늘 '어떻게 하면 어린이를 더 기쁘게 할 수 있을까?'를 고민했어요.

"어린이들이 행복한 날을 만들어 주면 어떨까요? 온종일 웃고, 즐길 수 있는 날 말이에요. 그날이 되면 어른들도 어린이들의 소중함을 다시 한 번 생각할 수 있지 않을까요?"

방정환과 어린이 운동을 함께하는 사람들의 모임 '색동회' 회원들은 5월 중 한 날을 어린이날로 정했어요. 모든 생명이 움트는 5월은 미래의 희망인 어린이와 가장 잘 어울리는 달이니까요.

1923년 5월, 우리나라 최초의 어린이날 기념행사가 열렸어요. 행사장에는 온종일 음악, 연극, 무용 공연이 열렸어요. 어린이들을 위한 선물과 맛있는 음식도 준비되었지요. 어린이들의 얼굴에 환한 웃음꽃이 피었어요. 방정환은 이 모습을 흐뭇하게 지켜보았어요. 어린이들이 행복한 세상이 눈앞에서 이루어지고 있었어요.

방정환의 업적 이야기

방정환은 뭘 했을까?

우리나라 첫 아동 잡지 《어린이》

방정환이 펴낸 《어린이》는 우리나라에서 처음 나온 아동 잡지예요. 《어린이》에는 지식과 감성을 키울 수 있는 좋은 글들이 실려 있었어요. 아이들이 좋아하는 그림과 사진도 넣고, 독자들이 보낸 원고도 실었어요. 우리나라를 대표하는 이원수, 마해송, 윤극영 같은 아동 문학 작가들의 글이 실리면서 더 유명해졌지요. 《어린이》는 어린이들에게 나라 사랑하는 마음, 미래를 향한 꿈과 희망을 심어 주었답니다.

어린이를 위한 단체 '색동회'

색동회는 방정환이 중심이 되어 만든 어린이 운동과 문학을 위한 단체예요. 아동 잡지 《어린이》를 내고, 동화 구연 대회를 여는 등 어린이를 위한 문화 활동을 펼쳤지요. '색동'이라는 이름은 어린이들이 색동저고리처럼 밝고 예쁘게 자라기를 바라는 마음에서 지은 이름이에요.

어린아이도 존중받아야 한다

방정환이 '어린이'라는 말을 처음 만든 것은 아니에요. 그는 즐겨 읽던 책에서 어린이라는 말을 처음 보았대요. 그는 이 말을 널리 퍼뜨리기로 결심했지요. 이전까지 사람들은 아이들을 '이놈', '어린것', '애 녀석', '아해 놈' 등으로 불렀어요. 어린이를 하나의 인격체로 대하지 않은 것이지요. 방정환은 작품, 연설에서 '어린이'라는 말을 자주자주 사용했어요. 방정환은 '어린이'라는 말을 통해 아이들이 존중받기를 바랐어요. 방정환을 따라 어린이 운동을 하는 사람들, 아동 문학 작가들도 '어린이'라는 말을 쓰기 시작했어요. 방정환의 노력으로 오늘날 '어린이'라는 말이 세상에 퍼질 수 있었어요.

독립운동가 방정환

방정환이 스물한 살이었던 1919년 3·1 운동이 일어났어요. 방정환도 가만있지 않았지요. 방정환은 〈조선 독립 신문〉을 비밀리에 만들어 퍼뜨렸는데, 이 일로 일본 경찰에 끌려가 모진 고문을 받아야 했어요. 겨우 풀려나기는 했으나 일본 경찰의 감시가 너무 심해서 아무런 활동을 할 수가 없었어요. 방정환은 '공부를 더 해서 우리나라가 독립할 방법을 찾아보겠다.'라고 결심하고 일본에 건너갔어요. 그리고 일본에서 공부하면서 우리나라 최초의 동화집 《사랑의 선물》을 번역해서 펴내는 등 본격적으로 어린이 운동을 시작했답니다.

방정환과 함께 보기

윤극영이 지은 동요들

'까치 까치 설날은'으로 시작하는 〈설날〉, '고드름 고드름'으로 시작하는 동요 〈고드름〉은 한 소절만 들어도 알 정도로 우리에게 익숙해요. 이 동요는 1924년 '버들쇠'가 만들었어요. 버들쇠가 누구냐고요? 우리나라를 대표하는 동요 작가 윤극영(1903~1988)이에요. 그는 방정환과 일본에서 만나 함께 어린이 운동을 했고, 색동회도 만들었어요.

그즈음 우리나라 어린이들은 일본의 동요를 아무렇지도 않게 따라 불렀어요. 이를 본 방정환은 걱정이 컸어요.

"나라도 빼앗기고 말도 뺏겼는데, 이제는 노래마저 일본의 것을 부르고 있다니! 어린이들이 부를 우리 노래가 없는 것이 문제야. 윤극영, 자네가 어린이들을 위한 노래를 만들어 보면 어떻겠나?"

"어렸을 때 배운 노래는 평생 기억나는 법인데, 우리 어린이들이 일본 노래를 따라 부르는 것은 정말 큰 문제입니다. 무조건 찬성입니다. 제가 우리나라 어린이들이 부를 노래를 만들어 보겠습니다!"

윤극영은 우리의 감정에 잘 맞는 동요들을 만들었어요. 우리나라 명절에 일어나는 일을 노래한 〈설날〉, 추운 겨울 처마 끝에 고드름이 달린 모습을 재미있게 그린 〈고드름〉 등을 만들어 널

리 퍼뜨렸어요.

이어서 〈반달〉이라는 노래를 만든 뒤엔 그 악보를 인쇄하여 서울의 초등학교 선생님들에게 보냈답니다. 음악 시간에 아이들에게 가르쳐 달라는 부탁과 함께요. 〈반달〉은 나라를 빼앗긴 어두운 현실 속에서도 결코 포기하지 말자는 희망적인 내용을 담고 있어요. 어린이는 물론 어른에게도 위로와 용기를 주었지요.

또한 윤극영은 어린이 합창단을 만들어 우리 동요를 부르게 했어요. 이렇게 우리 동요는 전국으로 퍼져 나갔어요. 윤극영은 그 밖에도 100곡이 넘는 동요를 만들었답니다.

훗날 〈반달〉이 우리나라를 대표하는 동요가 되면서 윤극영의 별명은 '반달 할아버지'가 되었어요. 서울시 강북구 수유동에는 윤극영이 살던 집이 남아 있어요. 동요 〈반달〉이 흘러나오는 이 집은 윤극영 기념관이자 어린이를 위한 동요 교실이 열리는 문화 공간으로 자리 잡았답니다.

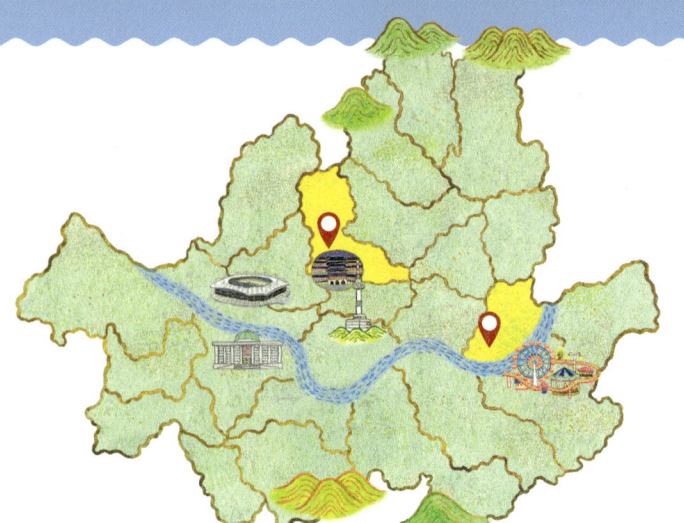

방정환의 발자취

어린이 대공원

📍 서울특별시 광진구 능동

광진구 어린이 대공원 안에 '소파 방정환 선생 상'이 있어요. 방정환이 어린이의 어깨를 감싸고 다정하게 이야기하고 있는 모습이에요. 이 동상은 원래 남산에 있었는데, 어린이가 가장 많이 볼 수 있는 곳으로 옮기자는 의견에 따라 1987년 지금의 자리로 이동했어요. 동상 주변 비석에는 방정환이 쓴 '어른에게 드리는 글'이 있어요.

> 어린이를 내려다보지 마시고
> 쳐다보아 주세요.
> 어린이에게 존댓말을 써 주시고
> 늘 부드럽게 대해 주세요.
> 어린이를 꾸짖을 때는
> 화만 내지 마시고 자세히
> 타일러 주세요.

방정환 생가터

📍 서울특별시 종로구 당주동

방정환은 서울시 종로구 당주동에서 태어났어요. 당주동에서 큰 쌀가게를 운영한 할아버지와 아버지 덕분에 어렸을 때 큰 기와집에서 부유하게 살았어요. 그런데 방정환이 열 살 때쯤 할아버지가 사업에 실패하면서 하루아침에 빈털터리가 되었어요. 방정환의 가족은 쓰러져 가는 초가집으로 이사했지요. 지금 방정환의 생가는 남아 있지 않지만 그 위치에 방정환을 기념하는 비석이 세워져 있어요.

세계 어린이 운동 발상지 기념비

📍 서울특별시 종로구 경운동

방정환이 1923년 우리나라 최초로 어린이날을 선포한 자리에 세운 기념 비석이에요. 국제 사회는 1924년 '제네바 아동 권리 선언'을 발표했는데, 방정환은 이보다 앞서 어린이의 권리를 주장했어요. 방정환은 "어린이는 물건이 아니니, 한 사람의 인격체로 존중해야 한다."라고 했어요.

방정환 묘소

📍 경기도 구리시 교문동
♦ 등록문화재 제691-3호

1931년 서른세 살의 젊은 나이에 세상을 떠난 방정환은 망우리 묘지 공원에 묻혔어요. 묘비에는 '童心如仙(동심여선)'이라고 쓰여 있어요. '어린이의 마음은 천사와 같다.'라는 뜻이에요.

서·울·위·인 | 14

우리 문화재를 지켜 낸 착한 부자

전형필

근현대 | 1906 ~ 1962 | 문화재 수집가

전형필과 서울특별시

지금의 종로4가와 광장 시장이 있는 곳에 전형필의 집이 있었어요. 서울시 성북구 성북동에 그가 모은 문화재를 보관·전시하는 간송 미술관이 있고요. 도봉구 방학동에는 '간송 옛집'이라고도 불리는 전형필 가옥이 있어요. 그는 이 근처에 아버지 묘를 만들고 아버지 제사를 지내거나 농장을 방문할 때 자주 들렀어요.

나는 서울에서 손꼽히는 부자였어. 일제 강점기에 일본 사람들이 우리 문화재를 가져가는 것을 보고, 내 돈을 들여 문화재를 사 모으기 시작했지. 나는 우리 문화재를 지키는 것으로 일본에 맞서 독립운동을 한 거야.

인물 소개

서울시 종로구에서 태어났어요. 1935년 일본인이 가지고 있던 고려청자 '청자 상감운학문 매병'을 구입했어요. 1938년 우리나라 최초로 개인이 세운 박물관 '보화각'을 열었어요. 보화각은 훗날 간송 미술관이 되었답니다. 1940년 보성 고등학교를 인수*하여 교육 사업을 펼쳤지요. 1943년 세종이 펴낸 《훈민정음 해례본》을 찾았어요.

전형필의 이모저모

시대
대한제국 …
일제 강점기 …
대한민국

생년월일
1906년
7월 29일에
태어났어요.

호
간송

특기
오래된 책, 그릇
등 찾아다니기

직업
문화재 수집가,
교육자

★ **인수** 물건이나 권리를 넘겨받음

우리가 알아야 할 **전형필** 이야기

기와집 스무 채 값을 주고 산 오래된 그릇

"선생님! 형필입니다. 그간 잘 지내셨습니까?"

일본에서 공부 중인 전형필은 방학 때면 돌아와 오세창*의 집을 찾았어요.

"어서 오게! 내가 지난번에 권해 준 책은 다 읽었는가? 그나저나 큰일일세. 요즘 일본인들이 우리의 문화재를 마구 사들이고 있다네. 자네가 우리 문화재 지키는 일을 좀 해 주면 좋겠네."

전형필은 서울에서 손꼽히는 부잣집에서 태어났어요. 그리고 아버지가 죽은 후에 큰 재산을 물려받았지요.

"재산을 가치 있게 쓸 기회인 것 같습니다. 부족하지만 제가 해 보겠습니다!"

전형필의 가슴이 뜨거워졌어요. 조국을 위해 자신이 해야 할 일이 무엇인지 알았으니까요.

그러던 어느 날, 골동품 가게를 운영하는 일본인 마에다가 진귀한 고려청자를 가지고 있다는 소문이 돌았어요. 전형필은 한눈에 청자의 가치를 알아봤어요.

"이것은 수십 마리의 학이 구름 사이로 날갯짓을 하는 청자 상감운학문 매병 아닌가! 잘록한 곡선 모양, 섬세한 문양에 저절로 감탄이 나오는군. 고려의 뛰어난 청자 기술이 그대로 녹아 있는 명품이야."

전형필은 이 고려청자를 꼭 지키겠다고 마음먹었지요.

★ **오세창(1864~1953)** 독립운동가·언론인·서예가. 서화(글씨와 그림)에 폭 넓은 지식과 경험을 지님

전형필이 청자를 사겠다고 하자 마에다는 그를 얕보며 생각했어요.

'가난한 조선인이 이런 귀한 작품을 살 수 있겠어?'

"조선 총독부에서 1만 원에 팔라고 했으나 거절했습니다. 2만 원 정도면 팔 생각이 있습니다만, 너무 큰돈이라서……."

당시 2만 원이면 기와집 스무 채 값이었어요. 사실 마에다는 전형필이 가격을 깎을 거라고 예상하고 일부러 값을 비싸게 부른 거였어요.

"좋습니다. 2만 원을 드릴 테니 제게 넘기십시오."

사실 전형필도 마에다가 일부러 값을 비싸게 부른 것을 알고 있었어요. 하지만 한 푼도 깎지 않았어요. 그 자리에 있던 사람들은 깜짝 놀랐어요. 전형필은 사람들에게 말했어요.

"지금은 돈보다 청자 상감운학문 매병이 일본으로 가지 않게 하는 것이 더 중요하니까요. 이런 귀한 문화재는 우리 땅에 머물도록 지켜야 합니다."

전형필의 업적 이야기

전형필은 뭘 했을까?

문화재 지킴이

전형필이 문화재를 사는 이유는 값을 올려 되팔기 위해서가 아니었어요. 취미 생활도 아니었고요. 전형필의 문화재 수집은 일본으로부터 우리 문화재를 지켜야 한다는 의지에서 시작된 일이에요.

훗날 일본의 유명한 상인이 전형필을 찾아와 말했어요. 산 가격의 두 배를 쳐 줄 테니 청자 상감운학문 매병을 팔라고요. 하지만 전형필은 딱 잘라 거절했대요. 아마 두 배 아니라 열 배를 준다고 해도 팔지 않았을 거예요. 전형필은 해방 이후에는 문화재를 거의 사지 않았어요. 그 이유를 이렇게 설명했지요.

"일본이 물러갔으니 누가 수집하든 우리나라 사람이 갖는 것 아닌가요? 우리나라 안에만 있으면 누가 가지고 있어도 상관없습니다."

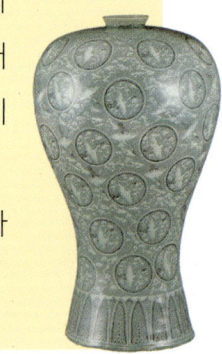

청자 상감운학문 매병
(국보 제68호)

내 관심은 오직 문화재를 지키는 것뿐이야.

> 비밀리에 간직한 훈민정음

1943년 어느 날이었어요. 전형필은 상인을 통해 "경상북도 안동에 《훈민정음 해례본》이 있다."라는 이야기를 들었어요. 그 순간 전형필의 가슴은 두근두근 뛰었어요. 귀한 책을 구할 수 있다는 생각에 설렜지요. 《훈민정음 해례본》은 한글이 어떻게 만들어졌는지, 어떻게 소리를 내는지를 설명한 책이에요. 하지만 그때까지 우리나라에서 한 권도 발견되지 않고 있었지요. 《훈민정음 해례본》을 가진 사람이 1천 원을 원한다는 말을 듣고 전형필은 1만 1천 원을 준비했어요. 책 주인에게 줄 1만 원과 책을 사러 가는 상인에게 줄 1천 원이었지요. 전형필은 "책 주인이 《훈민정음 해례본》의 가치를 몰라서 1천 원을 부른 것이다. 귀한 책인 만큼 정당한 가격을 내야 한다. 상인에게도 수고비를 주는 것이 당연하다."라고 했어요.

전형필은 《훈민정음 해례본》을 가지고 있다는 것을 철저히 비밀로 했어요. 잘못하면 일본에 빼앗길 수 있으니까요. 6·25 전쟁 때도 책을 가슴에 품고 피란을 갔다고 해요.

보관 중인 《훈민정음 해례본》

> 보성 고등학교 인수

1940년 전형필은 보성 고등학교가 어려움에 처해 있다는 말을 들었어요. 이곳은 3·1 운동 때 독립 선언서를 인쇄한 자랑스러운 역사를 지닌 학교였지요. 전형필은 없어질 위기에 처한 보성 고등학교를 인수했어요. 자신의 재산을 아무런 대가 없이 이 학교에 쏟아부었어요. 또 보화각 옆에 있던 성북 초등학교에는 자신이 가진 땅을 기부해 아이들이 공부할 수 있는 건물을 짓도록 해 주었어요.

전형필과 함께 보기

문화재를 사랑한
또 한 사람

최순우 (1916~1984) 제4대 국립 중앙 박물관 관장

나는 6·25 전쟁 당시 국립 중앙 박물관에서 연구원으로 일하고 있었어. 북한군은 곧 서울을 차지하고 간송 미술관까지 들이닥쳤어. 전형필은 친척 집에 몸을 숨긴 상태였지. 북한군은 나를 간송 미술관으로 끌고 가서 그곳에 있는 물건들을 싸라고 명령했어. 문화재를 북한으로 가져가기 위해서였지. 나는 평소 전형필과 친하게 지냈고, 간송 미술관에 있는 문화재의 가치를 잘 알았기에 꾀를 내었어. 시간을 끌면서 최대한 천천히 포장을 했지. 싸 놓은 물건을 풀었다가 다시 싸거나, 목록이 잘못되었다면서 다 쌌던 상자를 도로 뜯어냈어. 북한군이 빨리하라고 재촉하자 나는 이렇게 대답했어.

"문화재는 깨지지 않도록 단단히 싸야 합니다. 또 목록과 문화재가 일치하지 않으면 나중에 알아볼 수가 없어요. 그러니 하나하나 확인하면서 작업을 해야만 합니다. 작품들이 뒤섞여서 어느 시대, 누구 작품인지 모르게 되면 당신이 책임지겠습니까?"

그렇게 늑장을 부리며 몇 달에 걸쳐 문화재를 포장하는 사이, 인천 상륙 작전이 성공하면서 서울을 되찾았어. 간송 미술관을 감시하던 북한군도 모습을 감추었지. 간송 미술관으로 돌아온 전형필은 나를 얼싸안고 눈물을 흘렸어. 문화재를 지켜 주었으니까.

훗날 난 우리나라 최고의 미술사학자가 되었어. 내가 쓴 《무량수전 배흘림기둥에 기대서서》라는 책에는 우리 문화의 아름다움이 잘 설명되어 있어.

역사 **체험 학습**

전형필의 발자취

서울 방학동 전형필 가옥

- 서울특별시 도봉구 방학동
- 등록문화재 제521호

전형필의 아버지 전명기가 1890~1900년에 지은 한옥이에요. 전형필이 살았던 곳 중 유일하게 현재까지 남아 있는 집이지요. 집 옆에 전형필과 전형필의 아버지 묘소가 함께 있답니다.

간송 미술관

- 서울특별시 성북구 성북동

전형필이 모은 문화재가 점점 많아지면서 이것들을 보관할 장소가 따로 필요했어요. 문화재는 모으는 것도 중요하지만 잘 보관하는 것이 더 중요하거든요. 전형필은 우리나라 최초로 개인이 세운 박물관 '보화각'을 열었어요. 보화각은 '빛나는 물건을 모아 놓은 장소'라는 뜻이에요. 전형필이 세상을 떠난 뒤 그의 호를 따서 간송 미술관으로 이름 바꾸었어요. 이곳에서 청자 상감운학문 매병, 《훈민정음 해례본》, 혜원 신윤복과 겸재 정선의 그림 등 전형필이 평생에 걸쳐 모은 국보, 보물, 문화재를 보관·전시하고 있어요. 2018년 3월 현재 공사를 위해 잠시 전시를 멈춘 상태예요.

서·울·위·인 | 15

일본의 심장을 향해 **폭탄**을 던진 **청년**

윤봉길

근현대 | 1908 ~ 1932 | 독립운동가

윤봉길과 서울특별시

윤봉길을 기리는 매헌 윤봉길 의사 기념관이 서울시 서초구 양재동에 있어요. 1988년 국민들의 성금을 모아 설립하였지요. 윤봉길의 유해는 일본에 버려져 있다가 해방 이후 우리나라로 돌아왔어요. 현재 윤봉길은 용산구에 있는 효창 공원 안에 잠들어 있어요.

> 나는 일본 왕의 생일 축하 자리에 모인 일본군 지휘관들을 향해 폭탄을 던졌어. 나의 행동은 독립운동의 열기를 높이고, 우리 민족이 독립을 위해 계속 싸우고 있다는 것을 전 세계에 알렸단다.

인물 소개

1927년 농촌 사람들을 가르치기 위한 교재 《농민독본》을 썼어요. 1930년 독립운동을 위해 중국으로 떠났어요. 그곳에서 김구의 한인 애국단에 들어갔어요. 1932년 상해 홍커우 공원에서 열린 일본 왕 생일 축하 행사에서 폭탄을 던졌어요. 이 일로 일본 경찰에게 잡혀 스물다섯 살의 나이에 세상을 떠났어요.

윤봉길의 이모저모

- **시대**: 대한 제국 ⋯ 일제 강점기
- **생년월일**: 1908년 6월 21일에 태어났어요.
- **태어난 곳**: 충청남도 예산에서 태어났어요.
- **호**: 매헌
- **직업**: 농촌 운동가, 독립운동가

 우리가 알아야 할 **윤봉길** 이야기

조국을 위해 목숨 바친 청년

윤봉길의 업적 이야기

윤봉길은 뭘 했을까?

농민을 위해 쓴 《농민독본》

독립운동에 나서기 전까지 윤봉길은 고향인 충청남도 예산에서 농촌 계몽* 운동을 했어요. 밤에 수업을 하는 학교에서 사람들을 가르쳤는데, 공부하러 오는 사람들을 위해 쓴 책이 바로 《농민독본》이에요. 《농민독본》은 '계몽 편', '농민 편', '한글 편' 총 3권으로 구성되어 있어요. 1권은 일제 강점기 때 사라졌고, 나머지 두 권만 전해지고 있어요.

★ **계몽** 지식이 부족한 사람을 가르쳐서 깨우침

농촌의 발전을 위한 단체 '월진회'

윤봉길은 마을 청년들과 함께 '월진회'를 만들었어요. '날로 앞으로 나아가고 달마다 전진한다.'라는 뜻으로 지은 이름이지요. 월진회는 농촌 사람이 잘살 수 있는 방법을 찾으려고 고민했어요. 사람들에게 농사 외에 돼지, 닭 등의 가축을 기르게 하고, 곡식이나 채소를 잘 자라게 하는 농사법도 알려 주었어요. 학예회나 토론회를 통해 교양을 쌓게 하고, 독립 정신을 심어 주는 일도 하였답니다. 회원들은 매달 돈을 걷어 힘을 보탰어요.

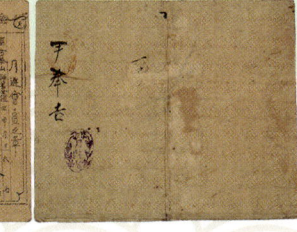

월진회 통장

윤봉길이 던진 폭탄에 일본군 총사령관을 비롯하여 여러 지휘관들이 죽거나 크게 다쳤어요. 윤봉길의 의거는 일본에 큰 굴욕을 주었어요. 천하제일이라고 자신하던 나라가 이름 모를 청년에게 완전히 당했으니까요.

이 일로 세계는 대한민국의 독립에 관심을 가지게 되었어요. 윤봉길의 의거는 독립운동에 활기를 불어넣고, 더 많은 독립운동가들이 활동하는 계기를 만들어 주었어요.

> 일본에 굴욕을 안긴 청년

윤봉길은 죽음을 앞두고 어린 두 아들에게 유서처럼 편지를 남겼어요.

> 윤봉길이 아들에게 보낸 유서

강보*에 싸인 두 아들 모순과 담에게

너희도 만일 피가 있고 뼈가 있다면
반드시 조선을 위해 용감한 투사가 되어라.
태극 깃발을 높이 드날리고
나의 빈 무덤 앞에 찾아와 한 잔의 술을 부어 놓아라.
그리고 너희들은 아비 없음을 슬퍼하지 말아라.
사랑하는 어머니가 있으니
어머니의 교양으로 성공한 자를 동서양 역사상 보건대
동양으로 문학가 맹자가 있고
서양으로 프랑스의 혁명가 나폴레옹이 있고
미국에 발명가 에디슨이 있다.
바라건대 너희 어머니는 그의 어머니가 되고
너희들은 그 사람이 되어라.

★ **강보** 아기에게 덮어 주는 작은 이불. 두 아들이 아직 어리다는 뜻

 윤봉길과 함께 보기

윤봉길과 김구의 마지막 아침

윤봉길이 상해 홍커우 공원에서 폭탄을 던지기로 한 1932년 4월 29일 아침이었어요. 윤봉길은 김구와 함께 마지막이 될지도 모르는 아침 식사를 했어요. 밥을 먹는 내내 두 사람은 아무런 말도 하지 않았어요. 윤봉길은 긴장했고, 김구는 그런 윤봉길에게 미안해서였겠지요. 오전 7시가 되었어요. 윤봉길이 떠나야 할 시간이에요. 둘은 악수를 나누었어요. 그때 윤봉길이 말했어요.

"시계가 많이 낡았네요. 선생님 시계는 2원짜리고, 제 것은 6원짜리니 제 것이 조금 더 좋습니다. 제 시계와 바꾸시지요. 제 시계는 앞으로 한 시간밖에 쓰지 못하니까요."

윤봉길은 이미 죽음을 결심하고 있었던 거예요. 김구는 눈물을 삼키며 시계를 바꾸었어요. 윤봉길은 주머니에 있던 돈도 김구에게 건넸어요.

"선생님께 이 돈을 드리고 싶습니다. 저는 홍커우 공원까지 갈 차비만 있으면 됩니다."

김구는 목이 메었어요. 겨우 윤봉길에게 작별의 인사를 했지요.

윤봉길이 김구에게 준 시계

"윤 동지, 우리 지하에서 다시 만납시다!"

윤봉길은 폭탄을 던진 후 일본 경찰에게 끌려가 모진 고문을 당하면서도 이 일을 계획한 사람이 김구라는 사실을 끝까지 말하지 않았어요.

김구와 윤봉길

일본의 심장
종로 경찰서에 던진 폭탄

김상옥 (1890~1923) 독립운동가

나는 서울시 종로구 효제동에서 태어났어. 1919년 일본군이 여학생에게 칼을 내리치려는 것을 보고 몸을 날려 일본군을 때려눕혔어. 그 후 독립운동에 뛰어들었어.

1922년 상해에서 권총 4정, 탄환 8백 발을 나무 상자에 숨겨 서울로 돌아왔어. 조선 총독 사이토를 죽이기 위해서였지.

1923년 1월, 사이토 총독이 종로 경찰서 앞을 지난다는 정보를 듣고 그 앞에서 기다렸어. 밤 8시경 나는 종로 경찰서 창문으로 폭탄을 던졌어. 폭탄이 터진 주변은 난리가 났지. 아무렇지도 않게 그 자리에서 빠져나와 서울시 용산구에 사는 친척 집에 숨었어. 며칠 뒤 경찰들이 이 집을 에워싸더군. 난 14명의 경찰을 따돌린 후 스님 복장으로 갈아입고 다시 종로로 옮겼어. 사이토 총독을 죽여야 하니까. 일본은 1천여 명(400명이라고도 전해져요.)의 경찰을 출동시켰어. 난 지붕을 타고 오르내리며 3시간 넘게 일본 경찰과 총격전을 벌였어. 1 대 1000으로 맞서 싸운 거야. 싸움 끝에 마지막 한 발의 총알만이 남았어. 나는 "대한 독립 만세!"를 외친 뒤, 목숨을 끊었단다.

★ 김상옥이 일본 경찰과 마지막까지 싸웠던 서울시 종로구 동숭동 마로니에 공원에는 그의 동상이 서 있어요. 김상옥이 폭탄을 던진 종로 경찰서가 있던 종각역 주변에는 '김상옥 의거터'가 표시되어 있고요.

역사 **체험 학습**

윤봉길의 발자취

매헌 윤봉길 의사 기념관

📍 서울특별시 서초구 양재동
☎ 02)578-3388

윤봉길 의사의 삶과 업적을 알리기 위해 세운 기념관이에요. 독립운동에 나서기 전 고향에서 농촌 운동을 하던 시절, 중국으로 떠나 독립운동에 뛰어들었던 때의 윤봉길의 모습을 만날 수 있어요. 윤봉길의 유품과 사진 등이 전시돼 있어요. 윤봉길과 관련한 다양한 영상 자료를 감상할 수 있는 영상실도 있으니 꼭 방문해 보세요!

삼의사의 묘

📍 서울특별시 용산구 효창동

윤봉길은 일본 경찰에 잡혀가 고문을 당하다가 죽은 후 거리에 버려졌어요. 해방 이후 김구가 일본에서 유해를 찾아와 효창 공원에 묻어 주었어요. 윤봉길의 묘 옆에는 독립운동가 이봉창, 백정기의 묘소가 함께 있어서 이곳을 '삼의사의 묘'라고 부른답니다.

예산 윤봉길 의사 유적

📍 충청남도 예산군 덕산면

♦ 사적 제229호

윤봉길이 태어나서 자란 곳이에요. 윤봉길은 이곳에서 농촌 계몽 운동을 펼치고 월진회 활동을 하였지요. 윤봉길의 업적을 기리기 위해 1965년에는 기념탑을, 1968년에는 충의사를 세웠어요. 그가 쓴 책과 편지, 그가 사용한 물건들은 보물 제568호로 충의사 유물관에 전시되어 있어요.

상해 윤봉길 기념관

📍 중국 상해 루신 공원(옛 홍커우 공원)

윤봉길의 홍커우 공원 의거를 기념하는 곳이에요. 2003년에 문을 열었지요. 윤봉길의 초상화와 그의 일생을 살펴볼 수 있는 사진, 그림 자료 등이 전시되어 있어요.

위인 따라 서울 체험 학습

서울 위인들의 발자취를 한눈에 살펴보아요.
앞에서 소개한 장소 중 대표적인 곳을 가려 뽑았답니다.

● 강서구

❶ 허준 박물관

❷ 구암 공원

● 은평구

❸ 진관사

● 강북구

❹ 근현대사 기념관

● 성북구

❺ 간송 미술관

● 종로구

❻ 서울 경교장

❼ 세종 대왕 동상

❽ 서울 원각사지 10층 석탑

● 중구

❾ 이시영 동상

● 용산구

❿ 효창 공원(백범 김구 기념관, 삼의사의 묘)

● 관악구

⓫ 낙성대

● 서초구

⓬ 매헌 윤봉길 의사 기념관

● 강남구

⓭ 도산 공원

● 광진구

⓮ 어린이 대공원(방정환 동상)

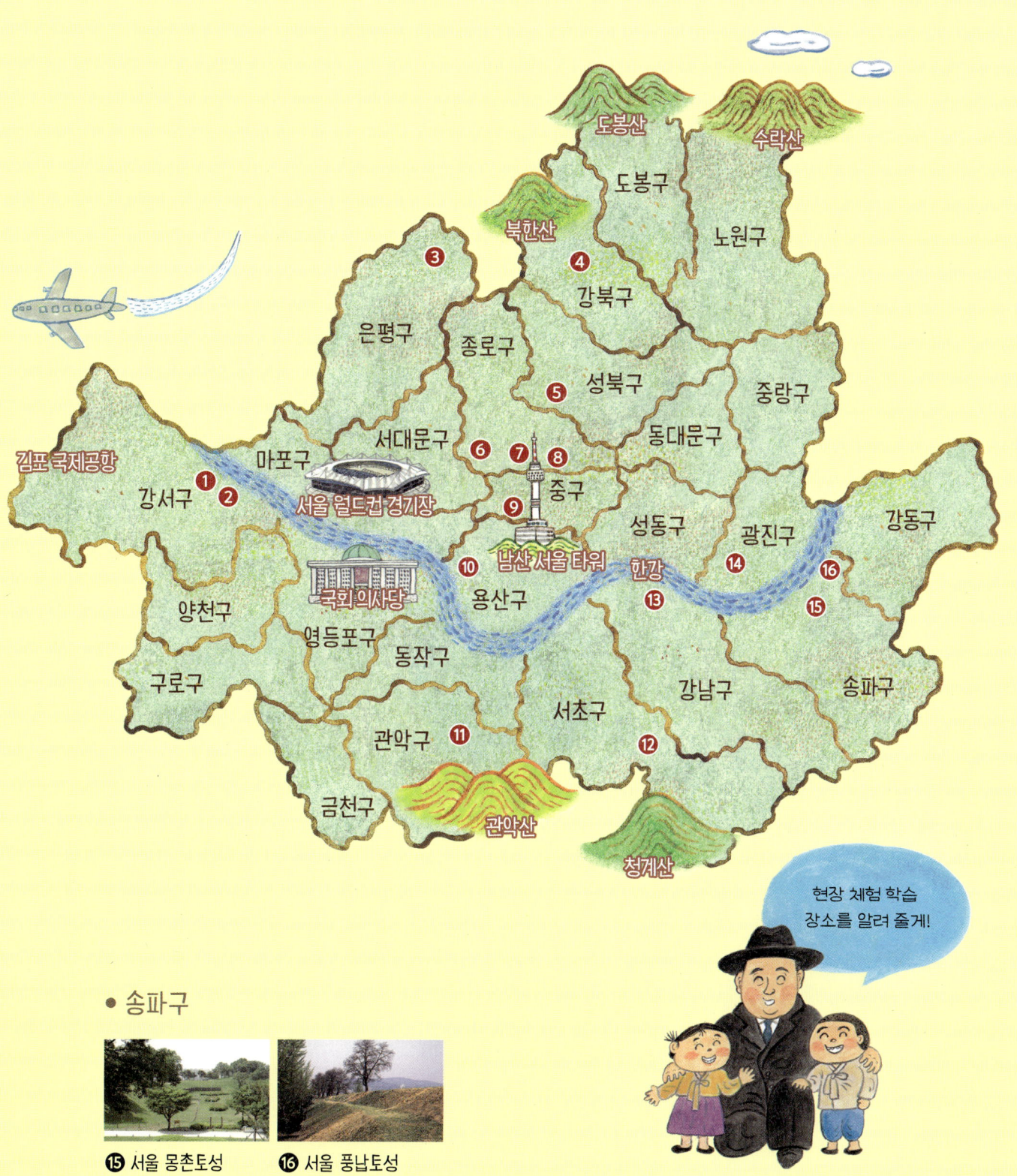

더 알아보는 **위인**

우리도 서울 위인이야!

강동구

신익희 (1894~1956) - 독립운동가이자 정치가

관련 지역 강동구 천호동 | **시대** 조선 … 대한 제국 … 일제 강점기 … 대한민국

독립운동가이자 정치가, 교육자예요. 1919년 3·1 운동을 전국으로 넓혀 가는 데 중요한 역할을 했어요. 이 일로 일본군의 감시가 심해지자 변장을 하고 중국 상해로 건너갔어요. 대한민국 임시 정부를 세우는 일에 적극 참여했어요. 대한민국 임시 헌법을 만들고 내무 총장, 법무 총장, 외무부장으로 일했어요.

그는 처음에는 평화적인 방법으로 독립운동을 시작하더라도 나중에는 군사적 행동이 뒷받침되어야 한다고 생각했어요. 그래서 중국과 연합 작전을 펼치기 위해 1921년 직접 중국 군대에 들어갔어요. 그리고 한국과 중국의 청년 5백 명을 모아 국내로 들어갈 군사 작전을 세웠지요. 하지만 중간에 계획이 틀어져서 작전을 펼치지 못했답니다.

광복이 되고 대한민국 정부가 만들어진 후에는 국회 의장이 되었어요. 교육을 중요하게 생각하여 1946년에는 국민 대학관(지금의 국민 대학교)을 세웠어요. 그즈음 이승만이 계속해서 대통령직을 맡기 위해 선거 부정을 저지르자 이에 맞서 1956년 대통령 후보로 출마했어요. 그해 5월 대통령 선거를 위해 전라도 유세를 하러 가던 중 기차 안에서 갑작스럽게 세상을 떠났어요. 강동구 천호동에는 신익희의 동상이 있고, 해공 공원(천호 공원)과 해공 도서관은 신익희의 호를 따서 지은 이름이에요.

이집 (1327~1387) - 고려 말 학자

관련 지역 강동구 둔촌동, 암사동 | **시대** 고려

고려 말의 학자이자 문인이에요. 최고의 학자로 손꼽히는 정몽주, 이색 등과 친하게 지냈어요. 성격이 솔직하고 올곧아 옳지 않은 것을 보면 그냥 지나치지 못했대요. 이집은 시를 잘 짓는 것으로 유명했어요. 이집의 시는 그의 성격을 닮아 꾸미거나 돌려 말하지 않아요. 직접적으로 묘사하면서도 자연스러운 작품들이에요.

아래는 이집이 자손들에게 남긴 글이에요. 공부와 독서의 중요성을 강조하였지요.

> 독서는 어버이의 마음을 기쁘게 한다.
> 시간을 아껴서 부지런히 공부해라.
> 늙어서 무능하면 공연히 후회만 하게 되니
> 머리맡의 세월은 멈추지 않고 쏜살같이 흐른다.
> 자손에게 금을 준다 해도
> 책 한 권 가르치는 것만 못하다.
> 이 말은 비록 쉬운 말이나
> 너희들을 위해서 간곡하게 일러 준다.

이집은 강동구 둔촌동 일자산에 위치한 둔굴에 머문 적이 있어요. 둔촌동이라는 이름도 그의 호 '둔촌'에서 따온 거예요. 강동구 암사동 구암정은 이집을 모시던 '구암 서원'이 있던 자리에 세워진 정자예요. 쓴 책으로는 《둔촌유고》가 있어요.

우리 마을 이야기 - 서울 암사동 유적

📍 서울특별시 강동구 암사2동
♦ 사적 제267호

약 6천 년 전 신석기 시대 사람들이 살았던 집터예요. 이곳은 우리나라에서 밝혀진 신석기 시대 유적 중 가장 큰 흔적이에요. 1925년 큰 홍수가 있었는데 한강변 모래 언덕이 패이면서 땅속에 묻혀

있던 유물들이 드러났어요.

신석기 시대 사람들은 한강 주변에서 고기잡이를 하면서 살았어요. 발견된 그물추, 작살 등 고기잡이 도구들이 이를 뒷받침하지요. 산을 돌아다니며 화살촉을 사용해 사냥을 했던 것 같아요. 보습, 돌낫 같은 농기구를 보면 농사를 지으며 살았다는 것을 알 수 있어요.

암사동 유적지에서 나온 유물 중 가장 대표적인 것이 빗살무늬 토기예요. 이 밖에도 돌화살촉·돌도끼·공이·긁개·갈판·갈돌 등 다양한 신석기 유물이 발견되었어요. 암사동 유적은 신석기 시대 사람들의 삶을 그대로 볼 수 있는, 우리나라에서 가장 오래된 마을이랍니다.

전시관

금천구

강희맹 (1424~1483) - 3명의 왕을 모신 신하

관련 지역 금천구 시흥4동 | **시대** 조선

조선 초기의 학자이자 관리예요. 세조 때부터 중요한 관직을 두루 맡았어요. 세조는 그를 '최고의 신하'라 칭찬하며 가까이 두었지요. 예종, 성종까지 연이어 3명의 왕에게 신임을 받았어요. 성종은 자신의 아들 연산군을 강희맹의 집에 보내 기르도록 한 적도 있어요. 이와 관련된 재미있는 이야기가 전해 내려와요.

어느 날 어린 연산군이 실을 삼키는 바람에 목구멍이 막혀 위험했어요. 이때 강희맹의 아내 안 씨가 당황하지 않고 연산군의 목에 손가락을 넣어 실을 뽑아냈어요. 훗날 연산군은 강희맹의 집에 있던 소나무에 벼슬을 주고, 금띠를 둘러 주면서 강희맹에게 감사를 표현했어요.

강희맹은 당시 문장가로 이름을 날렸어요. 그의 능력은 국가에서 책을 펴낼 때 크게 쓰였어요. 세조 때 낸 《경국대전》, 성종 때 펴낸 《동국여지승람》 등에 참여하여 지식과 문장을 뽐냈어요. 나이가 들자 지금의 금천구 시흥4동에 머물며 농업책 《금양잡록》을 썼어요. 이곳에는 강희맹이 살던 집터를 표시한 비석이 세워져 있어요.

우리 마을 이야기 – 호압사

📍 서울특별시 금천구 시흥2동

조선을 세운 태조 이성계는 한양을 도읍으로 정했어요. 한양에 궁궐을 짓기 위해 한창 공사를 하는데 이상한 일이 벌어졌어요. 밤만 되면 낮에 지어 놓은 궁궐이 무너져 버리는 거예요. 그러던 어느 날 태조는 어둠 속에서 건물을 무너뜨리는 괴물을 보았어요. 괴물은 호랑이를 닮았어요. 태조가 화살을 쏘았으나 괴물은 아랑곳하지 않고 또 궁궐을 무너뜨리고 사라졌어요.

그때 한 노인이 태조 앞에 나타나 "한양은 아주 좋은 도읍지로구나!"라며 먼 곳을 가리켰어요. 노인이 가리키는 곳을 보니 호랑이 머리 모양의 산봉우리가 한양을 굽어보고 있었어요. 태조는 노인에게 어떻게 하면 호랑이 모습을 한 산봉우리의 기운을 누를 수 있는지 알려 달라고 했어요. 노인은 "호랑이는 꼬리를 밟히면 꼼짝 못하니 꼬리 부분에 절을 지으시오." 하고는 사라졌어요. 태조는 노인의 말대로 호랑이 꼬리 부분인 금천구에 절을 짓고 호압사(虎^{호랑이 호}壓^{누를 압}寺^{절 사})라고 이름 붙였지요. 그 후 무사히 공사를 마치고, 한양에 궁궐을 완성할 수 있었답니다.

동대문구

순헌황귀비 엄씨 (1854~1911) - 여성 교육에 힘쓴 후궁*

관련 지역 동대문구 청량리동 | **시대** 조선 ⋯› 대한 제국 ⋯› 일제 강점기

엄씨는 어렸을 때 궁녀로 들어와 고종의 부인, 명성 황후를 모셨어요. 1895년, 일본군이 궁궐에 쳐들어와 명성 황후를 잔인하게 죽이는 일이 있었어요. 그때 고종은 자신도 일본군 손에 죽을지 모른다는 생각에 몹시 불안했어요. 그래서 일본이 함부로 건드릴 수 없는 러시아 공사관에 숨기로 해요. 엄씨는 자신이 타고 다니던 가마에 고종을 숨겨서 러시아 공사관으로 갔어요. 엄씨는 고종의 곁을 지키며 왕에게 큰 힘이 되어 주었어요. 결국 후궁이 되었고, 아들 영친왕도 낳았지요.

엄씨는 낮은 신분 출신이지만 교육에 관심이 많았어요. 특히 진명 여학교(지금의 진명 여자 고등학교), 숙명 여학교(지금의 숙명 여자 대학교) 등을 세워 여성 교육에 힘썼어요. 학교를 운영하는 데 드는 돈을 엄씨가 대 주었다고 해요. 학교 안에 기숙사도 만들어 주고, 궁궐에서 일하던 궁녀들을 학교에 보내 공부할 수 있도록 하였지요.

동대문구 청량리동에 있는 영휘원이 순헌황귀비 엄씨의 묘예요. 이곳에서 멀지 않은 곳에 고종과 명성 황후의 묘소인 홍릉이 있답니다.

★ **후궁** 임금의 정식 부인이 아닌 여자

동작구

심훈 (1901~1936) - 《상록수》를 쓴 소설가

관련 지역 동작구 노량진동 | **시대** 대한 제국 ⋯› 일제 강점기

대표적인 농촌 계몽 소설 《상록수》로 잘 알려진 소설가예요. 심훈은 노량진 나루터 근처에서 태어났어요. 경성 고등 보통학교(지금의 경기 고등학교)를 다니던 중 1919년 3·1 운동에 참여

했어요. 이 때문에 감옥에 갇히고, 학교에서 쫓겨났어요. 심훈은 중국으로 가서 대학에 다니고, 여러 독립운동가들과 가깝게 지내며 독립운동을 함께했어요.

1924년 우리나라로 돌아온 심훈은 신문 기자로 일하면서 본격적으로 글을 쓰기 시작해요. 1930년에는 3·1 운동을 기념하여 〈그날이 오면〉이라는 시를 발표했어요.

그날이 오면 그날이 오면
삼각산이 일어나 더덩실 춤이라도 추고
한강물이 뒤집혀 용솟음칠 그날이
이 목숨 끊어지기 전에 와 주기만 할 양이면
나는 밤하늘을 나는 까마귀와 같이
종로의 인경을 머리로 들이받아 울리오리다.
두개골이 깨어져 산산조각이 나도
기뻐서 죽사오매 오히려 무슨 한이 남으오리까.

- 〈그날이 오면〉에서 -

1935년 〈동아일보〉가 창간 15주년을 맞아 장편 소설을 모집했어요. 심훈은 농촌 계몽 활동을 소재로 한 소설 《상록수》를 써서 당선됐어요. 상금으로 상록 학원을 세워 농촌 학생들의 교육을 돕기도 했지요. 심훈은 《상록수》를 영화로 만들기 위해 준비했지만, 일본의 방해로 뜻을 이루지 못했어요. 그러던 중 장티푸스에 걸려 서른여섯 살의 젊은 나이에 세상을 떠났어요.

마포구

김육 (1580~1658) - 마포에서 태어난 조선의 경제학자

관련 지역 마포구 마포동 | **시대** 조선

김육은 과거 시험에 합격하였으나, 정치 세력 간의 다툼이 심할 때라 쉽게 벼슬을 하지 못했어요. 경기도 가평으로 내려가 십여 년 동안 농사를 지으며 살았지요. 인조가 왕위에 오른 뒤 마흔 넷의 늦은 나이에 처음으로 관직을 맡을 수 있었어요.

그는 농사를 지으며 세금 때문에 힘든 백성들의 모습을 너무나 많이 봤어요. 그래서 관리가 된 뒤 백성들의 세금 부담을 줄여 주는 '대동법'을 추진했어요. 김육은 세상을 떠날 때까지 대동법에 일생을 바쳤어요. 김육의 호는 잠곡이며, 그가 쓴 책으로는 《잠곡필담》 등이 있어요.

신숙주 (1417~1475) - 언어의 천재

관련 지역 마포구 마포동 | **시대** 조선

마포동 한강변에 신숙주의 별장이 있었어요. 그는 이곳에서 당시 유명했던 문장가들과 만나 시를 즐겼다고 해요. 신숙주는 조선 초기의 학자이자 관리예요. 세종 때 집현전 학자로 한글을 만드는 데 큰 힘을 보탰어요. 세종의 명으로 중국을 열세 번이나 다녀왔어요. 그는 중국에서 뛰어난 학자인 황찬을 만나 언어학에 대해 많은 것을 배웠어요. 신숙주는 언어는 물론 글솜씨, 외교에도 뛰어난 능력을 보였어요. 글을 어찌나 잘 쓰는지 당시 외국으로 가는 모든 문서는 그의 손을 거쳤대요.

이지함 (1517~1578) - 마포구에서 태어난 조선 중기의 경제학자

관련 지역 마포구 토정동 | **시대** 조선

마포구 토정동은 이지함의 집이 있던 곳이라 그의 호를 따서 동 이름을 지었어요. 그리고 마포구 마포동과 합정동 사이 약 3킬로미터 길을 '토정로'라고 해요.

이지함은 벼슬도 한 양반이었지만 삶의 대부분을 이곳에서 가난하게 살며 스스로를 '토정(흙집)'이라 불렀어요. 그는 어려서부터 학문이 뛰어나 천문, 지리, 의학의 이치를 깨달았어요. 포천 현감으로 있을 때는 하늘의 기운을 보고 임진강이 넘칠 것을 미리 알기도 했대요. 그가 고을 사람들을 높은 산으로 피하게 한 덕분에 많은 생명을 구할 수 있었지요. 아산 현감으로 일할 때는 '걸인청'을 만들어 거지나 가난한 사람을 구했어요.

이지함은 《토정비결》이라는 유명한 책을 쓴 것으로 알려져 있어요. 그런데 최근 학자들 사이에서는 이 책의 작가가 이지함이 아니라, 일반 백성들 사이에서 전해진 책자에 예언자로 친숙한 그의 호를 붙인 것이라는 주장이 많아요.

성동구

이필주 (1869~1942) - 독립운동가이자 목사

관련 지역 성동구 왕십리동 | **시대** 조선 … 대한 제국 … 일제 강점기

독립운동가로 활동한 기독교인이에요. 1890년 군에 들어간 후 짧은 시간에 장교까지 올랐어요. 하지만 동학 농민 운동 때 농민군을 진압*하면서, 우리 민족끼리 때리고 싸우는 것을 괴로워했어요.

1902년 전염병으로 어린 두 자녀를 잃자 슬픔 속에서 기독교를 믿기 시작했어요. 이후 군대를 그만두고 교회에서 청소 같은 허드렛일을 하면서 성경 공부를 했어요. 본격적으로 신학을 공부해 목사가 되어 왕십리 교회(지금의 꽃재 교회)에서 일했어요. 1919년 3·1 운동 때 민족 대표 33인 중 기독교 대표로 독립 선언서에 서명을 했어요. 이 때문에 일본군에 잡혀가 2년 동안이나 옥살이를 했지요.

감옥에서 나온 뒤에는 기독교를 널리 퍼뜨리는 데 더욱 힘을 쏟았어요. 이필주는 기독교 신앙을 전하는 동시에 우리의 민족정신을 높이는 강연을 했어요. 목사를 그만둔 뒤에도 일본의 신사 참배*를 거부하는 등 평생 일본에 저항하는 삶을 살았어요.

★ **진압** 힘으로 억눌러 안정시킴
★ **신사 참배** 일본의 신앙을 바탕으로 만든 종교 시설에 절하는 것

 **우리 마을 이야기 - 성동구의 유래와 역사**

성동이란 이름은 도성의 동쪽이란 뜻으로 수도 서울을 에워싼 성곽을 말해요. 오늘날 성동구는 교통의 요지로 발전했어요. 왕십리를 중심으로 강남과 강북을 연결하고 있지요.
청계천, 중랑천, 한강 등과 접하고 있는 물의 도시 성동구의 상징은 무지개예요. 무지개는 물이 있어야 만들어지기 때문에, 무지개를 상징으로 하였지요. 또 상징 꽃은 개나리, 상징 새는 참매, 상징 나무는 느티나무랍니다.

성북구

김환기 (1913~1974) - 한국 미술을 세계에 알린 화가

관련 지역 성북구 성북동　|　**시대** 일제 강점기 ⋯▶ 대한민국

프랑스와 미국에서 활동하며 한국 미술을 세계에 알렸어요. 강, 산, 달, 구름 등 우리 자연과 백자 항아리, 나무 가구 등 우리 전통 물건에 담긴 아름다움을 그림에 표현하여 우리 민족의 정서를 일깨웠어요. 간단하지만 깊은 의미를 담은 형태, 독특한 색감의 그림으로 공감을 얻었지요.
김환기의 대표작 〈어디서 무엇이 되어 다시 만나랴〉는 친구 김광섭 시인의 시 한 구절을 제목으로 삼은 거예요. 그는 '미술은 하나의 질서'라며 푸른 무늬의 점으로 그림을 가득 채웠어요. 이 점들은 비슷해 보이지만 하나하나 다르게 생겼어요. 각기 다른 별들이 우주에서 만나고, 헤어지고, 끝없이 이어지는 모습을 나타낸 거예요. 1970년에 내놓은 이 작품은 우리나라 미술에 엄청난 충격을 주었어요. 점·선·면으로만 꾸민 추상화 그림은 그때까지 우리나라에 흔치 않았거든요.
종로구 부암동에 그의 작품과 인생을 살펴볼 수 있는 환기 미술관이 있어요. 성북구 성북동에는 김환기가 아내와 함께 살던 수향산방이 남아 있어요.

양천구

박병선 (1929~2011) - 《직지》를 찾은 역사학자

관련 지역 양천구 목동 | **시대** 일제 강점기 … 대한민국

금속 활자로 인쇄한 세계 최초의 책 《직지》는 우리나라 책이지만 지금 프랑스에 있어요. 나라가 어지러웠던 조선 말, 프랑스 외교관이 프랑스로 가져갔거든요.

《직지》는 수십 년 동안 프랑스 국립 도서관 창고 안에 묻혀 있었어요. 1960년대 프랑스 국립 도서관에는 한국인 한 명이 일하고 있었어요. 진명 여자 고등학교, 서울 대학교를 졸업하고 프랑스에서 공부한 역사학자 박병선이었어요.

어느 날 박병선은 먼지 가득한 창고에서 《직지》라는 책을 발견했어요. '1377년 청주 흥덕사에서 금속 활자로 인쇄한 책'이라는 기록이 선명한 것을 보고 깜짝 놀랐지요. 그때까지 가장 오래된 금속 활자본은 1455년경 독일의 구텐베르크가 인쇄한 《구텐베르크 성서》라고 알려져 있었어요. 박병선은 한국에 도움을 요청했어요. 그러자 많은 역사학자들이 다른 책을 뒤져 《직지》가 세계 최초의 금속 활자 인쇄본임을 증명하는 자료들을 보내 주었어요. 박병선의 노력으로 '《직지》는 세계 최초의 금속 활자로 인쇄한 책'이라는 사실을 공식적으로 인정받았어요.

우리 마을 이야기 - 곰달래 마을

📍 서울특별시 양천구 신월동

곰달래 마을은 '달빛이 맑게 비치는 마을'이라는 뜻에서 '고운 달 동네'로 불렸어요. 한자로는 '고음월(古音月)'이라고 하는데, 여기에는 슬픈 사랑 이야기가 담겨 있어요.

이 지역이 백제 땅이었을 때 음소와 음월이라는 연인이 살았어요. 어느 날 신라가 백제를 공격했어요. 음소는 전쟁에 나가면서 음월에게 이렇게 말했어요.

"동산에 둥근달이 깃발처럼 떠오르면 백제가 이긴 것이니 나를 기다리고, 칠흑 같은 밤이 되면 싸움에 진 것이니 나를 잊고 다른 사람을 찾아 떠나시오."

음월은 매일 음소를 기다렸어요. 전쟁이 끝나 갈 무렵 동산에는 손톱만큼 작은 조각달이 떠오르기

시작하다가 이내 커다란 보름달이 되었어요. 그런데 갑자기 먹구름이 몰려와 캄캄한 어둠으로 변했어요. 슬픔에 빠진 음월은 목숨을 끊었어요. 그런데 얼마 후 구름이 걷히고 다시 커다란 달이 모습을 드러냈어요. 전쟁을 끝내고 음소가 돌아왔지만 음월은 이미 이 세상 사람이 아니었지요. 음소는 "이제 끝이다. 거친 세상 끝이구나!"라고 울부짖었어요. 사람들은 이 모습을 '고음월(古音月)'이라고 했어요. 고(古)는 삼국 시대 때 '끝났다'라는 뜻으로 쓰였어요. 즉 음월의 목숨이 끝났다는 말이지요. 이 '고음월'이 변해서 오늘날 '곰달래'가 되었다고 해요.

영등포구

안창남 (1901~1930) - 하늘을 난 독립운동가

관련 지역 영등포구 여의도동 | **시대** 대한 제국 … 일제 강점기

열여섯 살 때 미국인 비행사를 보고 비행사가 되기로 결심했어요. 안창남은 일본에 건너가 비행 학교를 졸업했어요. 비행사 시험에 1등으로 합격하고, 비행 시합에서 일본인을 제치고 우수상을 받으면서 우리나라에서도 유명해졌어요. 당시 안창남은 우리나라 사람들의 희망이었어요. 일본의 지배 아래 고통받던 한국인들에게 안창남은 민족의 자긍심을 심어 주었거든요.

안창남은 1922년 12월 고국에 돌아와서 멋진 비행 기술을 보여 주었어요. 1인승 비행기를 타고 여의도 비행장을 이륙한 뒤 남산, 창경궁을 돌아 다시 여의도 비행장에 사뿐히 내려앉는 비행 기술을 선보였지요. 그때 서울 인구가 30만 명 정도였는데, 5만 명이 길거리에 나와 안창남의 비행을 지켜보며 박수를 쳤대요. 현재 여의도에는 이날을 기념하는 '여의도 비행장 역사의 터널'이 있어요.

안창남은 비행 기술을 뜻깊은 곳에 사용하기로 결심해요. 당시에는 비행사가 드물었기 때문에 엄청난 돈을 벌 수 있는 직업이었어요. 그는 돈과 명예를 포기하고 중국 상해에 있는 독립운동 단체 '대한 독립 공명단'에 들어가요. 1929년 비행 군대 설립을 준비할 때는 큰돈을 기부하기도 했어요. 1930년 중국 비행 학교에서 비행 교육 중 추락해 스물아홉 살에 세상을 떠났어요.

중랑구

이중섭 (1916~1956) - 한국을 대표하는 서양화가

관련 지역 중랑구 망우동 | **시대** 일제 강점기 … 대한민국

우리나라 사람들의 마음속에 깊이 새겨져 있는 화가 중 한 명이에요. 어려서부터 사과를 주면 그림을 그리고 나서 먹을 정도로 그림 그리기를 좋아했어요. 청년 시절 일본에 유학을 가서 서양 미술을 공부했어요. 1943년 우리나라로 돌아왔고, 몇 해 뒤 일본에서 만난 일본인 여인과 결혼도 했지요.

하지만 행복은 오래가지 못했어요. 얼마 후 6·25 전쟁이 터지자 북한에 있던 이중섭은 남한으로 내려왔어요. 부산, 제주, 통영 등으로 피란을 다니며 그림을 그렸어요. 그림은 팔리지 않았고, 어쩌다 팔린 그림도 돈을 못 받기 일쑤였어요. 결국 부인은 가난을 견디지 못하고 두 아들을 데리고 일본으로 갔어요. 한국에 혼자 남은 이중섭은 부인과 아들이 너무나 그리웠어요. 마음의 병이 깊어진 이중섭은 정신병을 앓다가 1956년 세상을 떠났어요.

그는 평생 소를 많이 그렸어요. 한때 소도둑으로 몰릴 정도로 소를 깊이 관찰했어요. 그에게 소는 일제 강점기, 6·25 전쟁을 겪은 민족의 아픔, 슬픔을 상징해요. 그는 소를 그릴 때 아주 강렬한 선과 색을 사용했어요. 이것은 이중섭이 그만큼 절망을 딛고 일어서고 싶어 했다는 뜻이기도 해요.

이중섭은 가난 때문에 종이를 살 수 없어 담뱃갑 은종이에 그림을 그렸어요. 아이들이 뒤엉켜 노는 모습, 가족들의 단란한 모습 속에는 아내와 아들을 그리워한 마음이 고스란히 담겨 있어요. 그는 현재 중랑구 망우리 묘지 공원에 잠들어 있어요. 2017년 중랑구에서는 이중섭이 태어나고 죽은 달인 9월에 이중섭 관련 전시와 행사를 열었어요.

〈흰 소〉

우리 마을 이야기 1 - 망우리 묘지 공원

📍 서울특별시 중랑구 망우동

망우산은 서울시 중랑구와 경기도 구리시에 걸쳐 있어요. 일제 강점기부터 이곳에 공원묘지를 만들기 시작했지요. 망우(忘잊을 망 憂근심 우)라는 지명은 조선을 세운 태조 이성계와 관련이 있어요. 태조는 먼저 돌아가신 왕들의 묘 자리를 마련하기 위해 동구릉에 갔어요. 함께 갔던 신하들은 "이곳 땅의 기운이 돌아가신 왕들보다 전하께 더 잘 맞습니다. 훗날 전하의 묘 자리로 사용하는 것이 더 적당합니다."라고 조언했지요. 태조도 그 뜻을 받아들였어요.

태조는 궁궐로 돌아오던 중 지금의 망우리 고개에서 잠깐 쉬었어요. 이곳에서 동구릉 자리를 내려다보니 그 땅이 너무나 마음에 들더래요. 태조는 기뻐하며 "이것으로 오랫동안 근심을 잊을 수 있게 되었구나!"라고 했어요. 그 후로 이 마을 이름이 '망우'가 되었어요.

망우리 묘지 공원에는 화가 이중섭 외에도 우리나라에서 중요한 역할을 했던 유명 인물들의 묘소가 있어요. 대표적으로 한용운(시인·승려), 방정환(아동 문학가), 오세창(독립운동가), 지석영(종두법을 퍼뜨린 한의사), 계용묵(소설 《백치 아다다》를 쓴 작가), 조봉암(독립운동가·정치인) 등이 이곳에 잠들어 있어요.

오세창 묘소

한용운 묘소

우리 마을 이야기 2 - 13도 창의군 탑

📍 서울특별시 중랑구 망우동

1905년 일본이 우리의 외교권을 강제로 빼앗는 을사조약을 맺자, 전국에서 의병이 일어났어요. 13도 창의군은 이즈음 전국 각지에 흩어져 있던 의병 부대들이 힘을 합쳐 일본군과 싸우기 위해 모인 의병 연합 부대예요. 1907년 일본에 의해 군대가 해산되자 군인들도 들어왔어요.

전국에서 모여든 13도 창의군 중 300명은 1907년 일본군을 토벌하고 독립을 달성하기 위해 서울로 갔어요. 하지만 일본군은 이를 미리 알아채고 13도 창의군을 막아서지요. 13도 창의군은 이곳에서 일본군과 치열한 싸움을 벌였어요.

이 작전은 독립운동 역사 중 가장 큰 규모의 의병 운동이었어요. 의병 활동이 전국에서 불같이 일어나는 계기를 만들었고요.

중랑구 망우동 망우리 공원 안에는 13도 창의군이 일본군에 맞서 용감하게 맞서 싸운 것을 기념하고, 그들의 나라 사랑 정신을 기리기 위한 탑이 세워져 있어요.

우리 고장 서울에 이렇게 많은 위인이 있다니, 정말 자랑스러워요!

서울 위인 찾기

강남구
안창호 ········· 104

강동구
신익희 ········· 150
이집 ·········· 151

강북구
윤극영 ········· 126
이시영 ·········· 76

강서구
허준 ············ 50

관악구
강감찬 ··········· 18

구로구
유일한 ········· 110

금천구
강희맹 ········· 152

노원구
김시습 ··········· 40

도봉구
전형필 ········· 130

동대문구
순헌황귀비 엄씨 ········ 154

동작구
심훈 ············ 154
유일한 ········· 110

마포구
김구 ············· 84
김육 ············ 155
백초월 ··········· 96
신숙주 ··········· 156
이지함 ··········· 156

서대문구
방정환 ········· 120

서초구
윤봉길 ········· 138

성동구
김구 ············· 84
이필주 ········· 157

성북구
김환기 ········· 158
전형필 ········· 130

송파구
온조왕 ············ 10

양천구
박병선 ········· 159

영등포구
안창남 ········· 160

용산구
김구 ············· 84
윤봉길 ········· 138

은평구
백초월 ··········· 96

종로구
김구 ············· 84
김상옥 ········· 145
김시습 ··········· 40
민영환 ··········· 68
박지원 ··········· 58
방정환 ········· 120
세종 ············· 28
유일한 ········· 110
전형필 ········· 130

중구
박에스더 ········· 56
박지원 ··········· 58
이시영 ··········· 76
이회영 ··········· 81

중랑구
이중섭 ········· 161

사진 출처

대한민국역사박물관_ 16p / 한성 백제 박물관 **129p** / 세계 어린이 운동 발상지 기념비

문화재청_ 17p, 149p / 서울 풍납토성 **27p** / 낙성대 3층 석탑, 고려 강감찬 장군 사적비, 서울 신림동 굴참나무 **37p** / 《국어문법》 원고 **38p** / 《훈민정음 해례본》 **47p** / 사육신 묘 **67p, 148p** / 서울 원각사지 10층 석탑 **82p** / 서울 이시영 묘소 **91p** / 《백범일지》 **95p** / 백범 김구 선생 묘 전경 **101p** / 진관사 소장 태극기 **102p** / 만해 한용운 심우장 **129p** / 방정환 묘소 **134p** / 청자 상감운학문 매병 **135p** / 보관 중인 《훈민정음 해례본》 **137p** / 서울 방학동 전형필 가옥 **142p** / 월진회 통장 **144p** / 백범 김구 회중시계 **146p, 148p** / 삼의사의 묘 **162p** / 오세창 묘소, 한용운 묘소

연합뉴스_ 39p / 경복궁 수정전 **73p** / 민영환 친필 유서 **119p** / 유일한 박사, 유한 양행 공장

위키피디아_ 118p / 유한 공업 고등학교 정문(lfflies) **119p** / 유한 대학교 정문(lfflies)

한국관광공사_ 38p, 148p / 세종 대왕 동상 **57p** / 《동의보감》 **57p, 148p** / 허준 박물관, 구암 공원 **75p** / 민영환 자결터(위·아래) **82p** / 이시영 선생 동상 **83p** / 이시영 6형제 집터(이회영 선생 흉상), 근현대사 기념관 내부 **83p, 148p** / 근현대사 기념관 **93p** / 이봉창 의사 동상 **94p, 148p** / 서울 경교장 **95p, 148p** / 백범 김구 기념관 **103p, 148p** / 진관사 대웅전 **109p, 148p** / 안창호 비석 **109p** / 안창호 기념관 **137p, 148p** / 간송 미술관 **146p, 148p** / 매헌 윤봉길 의사 기념관 **147p** / 충의사, 매헌 윤봉길 의사 어록탑 **152p** / 서울 암사동 유적·전시관 **153p** / 호압사

한국문화관광연구원_ 67p / 아라리촌

한국학중앙연구원_ 119p / 유일한 박사 동상

지학사아르볼은 이 책에 실린 사진들의 출처를 찾기 위해 최선을 다했습니다.
혹시 잘못된 정보가 있다면 연락 주십시오. 다음 쇄를 찍을 때 꼭 수정하겠습니다.